涙の温度

SID

幻冬舎

涙の温度

あの日、あの時、溢れた涙を、僕らはずっと忘れない。

◉イントロ

マオ　シドは昔からよくヴィジュアル系っぽくないって言われてきたけど、今思うと、これぞヴィジュアル系だと思えるぐらい、自由で伸びやかだった。音楽的な縛りがこんなにもないジャンルって、他にないよね？

ゆうや　J-POPっていう括《くく》りの中にもたくさんのジャンルがあるけど、もしかしたらいちばん自由かもね。

明希　ゴリゴリのハードロックもあれば、メロディアスでポップなのもあるし、クラシカルなものも。音楽的にはとにかく幅広いのがこのジャンルの特徴かも。

マオ　その音楽をやっている人たちがヴィジュアル系として表現しているのなら、それは紛れもなくヴィジュアル系なんだよ。

Shinji　そういう意味では、シドは本当に自由にやってたから、最初からヴィジュアル系だったんだろうな。

マオ　結果的に間違っていなかったっていうことだよね。最初はだって、ヴィジュアル系の何たるかを考えて音楽をやっていたわけじゃなかったでしょ。

ゆうや　ヴィジュアル系のつもりではいたんだけどね。

明希　というか、ずっと勘違いしてたかも。俺なんかは、とにかく派手にすればいいんだって思ってた。

マオ　メイクにしろ衣装にしろ、最初はただ目立つための手段だったんだよね。ステージングだって、とにかく目立つために何をすべきかってところから考えてた。

ゆうや　俺以外はみんな動きまくってたしね。

マオ　明希もShinjiもめちゃめちゃ動くから、それがよかったよ。ヴォーカルだけが目立つバンドはつまらないなって思ってたから。

明希　俺は昔から「あいつはベースを弾かない」って言われてたんだけどね。実際、お客さんを煽《あお》ってばかりで、曲の半分ぐらい弾いてなかった。ちゃんと弾くようになったのは二〇〇四年あたりかもしれない。

マオ　その頃までは衣装もかなり独特だったしね。

明希　四人で喪服着てライブやったり。

ゆうや　原宿の古着屋にみんなで買いに行ったんだよな。今考えると、古着の喪服ってかなり怖くない⁉

マオ　ヴィジュアル系ってものへの造詣の浅さが、結果的に面白い方向に向かわせた。「ヴィジュアル系ってさ、死とかそういう感じじゃない？」みたいな。

ゆうや　ただの偏見だよね。無知にもほどがある。

マオ　僕らの勝手な解釈のヴィジュアル系アプローチは、確か今の事務所と契約した頃まで続いてたんだよ。たとえば、二〇〇五年の品川プリンスステラボールでのライブタイトル「Darkness wing of pain～傷ついた翼を広げて」っていうのも、そんなタイトルの曲もないのに「ヴィジュアル系ってこんなイメージじゃない？」って。

Shinji　本当、ふざけすぎてる。

マオ　ライブハウスの人や先輩から怒られたことあったもんね。「本気でやってる人もいるんだからさ」「怒ってる人もいるよ」みたいに。それで目が覚めたところもあったけど。

明希　とにかくヴィジュアル系としてのあり方がよくわかってなかったからね。

ゆうや　どぎついメイクしていた時代もあったけど、世の中の皆さんが思われるヴィジュアル系のメイクとも違ったんだよ。

明希　ゆうやがいちばん面白かったよ。

ゆうや　それは完全にはめられただけで。俺がいちばん知らなかったんだもん、ヴィジュアル系ってのを。だいたい俺、メイクするのがイヤだから正式加入したくなくて、サポートに徹していたんだから。

マオ　ゆうやは最初から「化粧しなくていいんだったら一緒にやりたい」って言ってた

んだよね。だから「しなくていいよ、メイクなんて。ドラマーにメイクなんて必要ないもんね！」とか言って、サポートの約束を取り付けたんだけど、ライブの日にゆうやが会場に来たら、みんなで「化粧しないとダメじゃん」みたいな空気出してさ（笑）。

ゆうや　やっぱり確信犯だったんだよな。そう思ってはいたよ。

明希　でも結果的には、ゆうやがいちばんハジけちゃったんだよ。

ゆうや　いやいや、みんなに俺は言われるがままやっただけ。「どうせメイクするなら、他の人がやってないことをやろうよ」って。「エクステはみんなつけてるから別の物つけたらいいいんじゃない？」って。忘れもしない、はじめてアーティスト写真を撮った日。巣鴨のスタジオに集まって、メイクが終わったとき、みんなが口々に「ゆうや、そこにセブン-イレブンあるからさ、おでんのタコ足とか髪につけたら目立つんじゃない？」とか、「そんなヴィジュアル系は他にいないんだからチャンスだよ⁉」とか言ってさ。

Shinji　でもさ、タコ足が酢漬けイカになったんだよね。

マオ　そうそう、おでんのタコ足がなくて……、酢イカが売ってたから、それでいいじゃんと。でも、それがめっちゃクサくてさ。

ゆうや　クリスマスツリーの飾りみたいに、俺の髪の毛にイカゲソついてんの。

Shinji　一時期、ファンの人から「イカ様」って呼ばれてたよね。
ゆうや　俺には何かしらのパーツが常に足し算されてたよね。メガネかけたときは「イカメガネ最強！」って言われてさ、褒められてんだかディスられてんだかわからないんだけど、でも盛り上がるとやっちゃうんだ。
明希　ライブでもイカつけてたよね。
ゆうや　対バン相手に嫌がられてさ。俺がいちばん気に入ってたゲソがあって、色も角度も最高だったからヘアピン挿したままメイクボックスに入れて使い回してたんだけど、出すたびにクサくて。楽屋で対バンの奴らが鼻をクンクンして「なんか臭わない？」とか言ってんの。
明希　もはやヴィジュアル系でも何でもない。
ゆうや　俺がそんなことやってたから色物みたいに思われてたけど、よく考えたら他のメンバーもちゃんちゃらおかしい出で立ちだったよね。マオ君はホイップクリームとか塗りたくってたし。
マオ　ヴィジュアル系って黒のイメージだけど、白のほうが目立つよなって考えて、思いついたのが生クリームだったんだよ。頭からかぶってメチャクチャやって自分は楽しかったんだけど、あとからライブハウスの人たちにめちゃめちゃ怒られるし、次のバンドにも「滑るじゃねえか！」ってキレられて。

Shinji　脂肪分あるからね。ステージ、ツルツル。

マオ　いろいろ勘違いしてた。ステージで靴脱いでお客さんの頭を蹴って、それもあとから「踏むのやめてよ！」ってマジで怒られたこともある。ヴィジュアル系って攻撃的なもんだと思ってて、教祖様みたいなのがいいのかなって。

ゆうや　明希の網タイツもヤバかったけどなぁ。

明希　喪服にホットパンツに網タイツ！

ゆうや　何系ですかそれ？　ヴィジュアル系じゃなくて変態系だろ？

Shinji　俺のヴィジュアル系のイメージはずばり「マリオネット」だったんで、操られているような感じのパフォーマンスを意識してた。

マオ　それ、どういうの？

Shinji　ずっと流し目でファンを見ながらギター弾くっていう。でも、途中でコンタクト落ちちゃって、ずっとほっぺたにくっつけたままライブやってたことがある。

ゆうや　でも今思うと、当時のマオ君のイカレポンチなメイクって、最近の原宿あたりのKawaii文化に近いんだよ。つけまつ毛をめちゃめちゃ重ねて目の下にもつけちゃうとかさ。

マオ　ああ、ちょっと近かったかもね。ま、早すぎたのかな（笑）。

明希　でも当時から、うちらみたいなバンド、他にいないよねっていうのが、心の支え

マオ　じゃないけど、ひとつの自信になってた気がする。

うん、曲だけちゃんとやってれば大丈夫って思ってた。曲には自信あったし、ちゃんと音楽をやりつつ、見た目がメチャクチャっていう、そのギャップも面白かったんじゃないかな。もし普通にカッコつけてやってたら、お客さん増えなかったかもしれないし、今のシドもなかったかもしれないよね。

第一章

息吹（ゆうや）

一握りと誰かが言った
まんざら嘘じゃない　僕も思う
一握りを摑む強さも　離す弱さも
そう　君次第さ　君次第さ
勘違いも立派な才能さ

――「星の都」

こんなはずじゃなかった。

これは完全に騙《だま》されたと言っていい。目を閉じていても、僕の顔の前を何かが不規則に、でもせわしなく動き回っているのがわかる。ブラシだとか、チップだとか、綿棒だとか、人間の指先だとか……そんなものたちが僕の意思とは関係なく顔の上を行き交う。

「動かないでください。アイラインずれちゃうから」

「あ、はい、すみません」

まつ毛が生えているところをなぞるような冷たい感触。こんなところを他人に触られたのははじめてだ。そんなところに鉛筆みたいなもので線を描くなんて、うっかり目に入ったらどうしてくれるんだ。

「もうちょっとで終わりますから」

もう三回は聞いたセリフだ。僕はかれこれ一時間近くもここに座っている。いや、座らされている。

今日、楽屋入りするや否や、メンバーの誰かの友達だろうヘアメイク担当だという女の人を紹介された。挨拶《あいさつ》もそこそこに鏡の前に座らされ、赤ちゃんのよだれかけみたいに襟《えり》元《もと》にタオルをたくし込まれ、何本ものヘアクリップで乱暴に前髪を留められ、最終的に僕は鏡に映る自分のマヌケ面と対峙《たいじ》した。

（なんだこれは？　話が違うじゃないか）

そんな僕の背後で、真面目な顔をしたマオ君が言う。僕にではなくて、ヘアメイク担当の女の人にだ。

「じゃ、あとはよろしくね」

マオ君は僕を見て笑わないのか。こんなマヌケ面の僕が目の前にいる場面で、君は笑わないのか。これから僕がされることに何の違和感もないというのか、ヴィジュアル系ってやつは。

かくして僕は抵抗する術《すべ》もなく、ただ求められるがままに己《おのれ》の顔を差し出していた。というか、半ば諦めていた。ライブに出ると言ったからには出ないわけにはいかないし、そもそも僕は、言っても仕方がないことは言わないようにしている。

「化粧はしないって約束だっただろ⁉」

そんなこと、いまさら言ったところで場の空気が悪くなるだけだし、その空気を引きずったままステージに立つことになったら言うまでもなく最悪だからだ。流れに身を任せることが最良の選択というときも、人生にはある。

それにしても肩が凝った。そういえば腰も痛い。背中の真ん中あたりがムズムズと痒《かゆ》くなってきた。

「もうすぐ終わりますからね。あとはリップだけだから」

そうか、僕はついに唇も奪われるのか。何色かな、ヴィジュアル系だから紫かもしれない。

そんなことを考えていたら、なんだか腹の底がくすぐったいような感じがしてきた。笑える。これはものすごく笑える。

（俺、化粧されてるぞ！）

薄目を開けて、ちらっと見た。その瞬間、見てはいけないおぞましい何かが見えた気がして、すぐ閉じた。

（なんだ今の？）

もう一回、薄目を開けてみた。

（嘘だろ……）

今度ははっきり目を開けた。

「うわ……やられた。やっちまった」

小さな声で呟いたつもりだったけど、口をついて出た言葉は案外大きく響いたらしい。

ヘッドフォンで音楽を聴いていたマオ君が顔を上げた。

「お、めっちゃいいじゃん」

「え、ほんと？　ほんとに⁉」

鏡に映った僕は、ごく控えめに言っても死んでいた。今ならハロウィンのパレードにこういうメイクの人はたくさんいるけれど、当時はまだそんな流行《はや》りもなく、僕はただの死神メイクを施された、いきすぎたヴィジュアル系の人だった。おそらく〝キョンシー〟とか〝アダムス・ファミリー〟とか、血が通っていないキャラクターの仲間だ。

自分の顔を見て喉元に込み上げてきたキモチワルさは、シドの最初のライブを観たときに感じたそれと同じだった。

ドラァグクイーンなのかオネエなのか知らないけれど、とにかくどぎつい化粧をして、わけのわからないキテレツな衣装をまとったバンドが不気味で気持ち悪くて、いわゆるヴィジュアル系とは無縁だった僕にはとうていついていけない世界だと思った。

それなのに、今の僕の風貌ときたら、すっかりそっちの世界に取り込まれている。

サポートを頼まれたとき、僕ははっきり言ったはずだ。

「化粧しなくていいならやってもいいけど……」

そのときマオ君もはっきりこう言った。

「うん、いいよ」

さらに、こうも言った。

「ドラマーにメイクなんて必要ないしね」

でも、僕はそのあとのセリフを都合よく忘れていた。

「化粧とか、そこらへんは考えなくていいや。今は」

（今は！）

というわけで、そのとき考えなくてもよかったことを、僕は今考えさせられているということか。僕はキョンシーと化した自分の顔を見ながら、静かにため息をついた。

でも、救いはあった。

（サポートでよかったな）

ふとそう思ったのは、サポートとしてはじめて参加するバンドのライブには、さすがにまだ友達を呼んでいなかったからだ。こんな化粧をしているところを友達に見られたら、恥ずかしくてもう正気じゃいられない。

（待てよ、だったら逆に考えればいいんじゃないか？）

この化粧をした僕は、他人からするとたぶんパッと見はゆうやじゃない。てことは、徹底的に〝ゆうやじゃない人〟を演じればいいんだ。僕は瞬時に頭を切り替えた。お客さんの中に僕のことを知っている人がいるとしても「あれってゆうやか？」「いや、違うんじゃない？」みたいな会話が成り立つんじゃないかと思った。

なぜなら、僕はすでに、自分でも一瞬「誰？」と思ってしまうほど、いつもの顔ではなくなっていたからだ。

（じゃあ別にいいじゃん）

僕は開き直ってステージに上がった。思った以上に平気だった。サポートドラマーの僕はフィーチャーされないし、スポットライトも当たらない。ただ求められるがまま黙々とリズムを刻むのみだ。

汗をかくと、ちょっと顔が痒くなった。皮膚呼吸を妨げるのはやっぱりよくないなと思ったけど、まぁ、これも友人への義理だと思えば仕方がない。

◉

その友人、マオ君と最初に出会ったのは二〇〇〇年ごろのことだ。

僕がやっていたバンドがとあるオムニバスCDに参加したとき、同じく参加していた十組のバンドの中のひとつにマオ君がいた。そのCDのイベントだったり、ライブハウスの企画だったりで何度も対バンするうちに、なんとなく顔見知りになった。

ただ、僕は超がつくほどの人見知りで、対バンの人たちと気軽に話せるようなタイプではなかった。マオ君も当時はやたらと尖っていて、いつでもどこでも「俺に話しかけんじゃねーよ」みたいなオーラを放っていた。正直、ちょっと怖かった。だから僕らは互いの存在は認めていても、言葉を交わすことはなかった。

そんな状態が半年ぐらい続いただろうか。

あるライブの日、出番が終わっていつものように楽屋の隅っこで帰り支度をしていたら、ノックの音がしてドアが開いた。そこにマオ君がいた。相変わらず態度と顔つきがツンケンしていてちょっと怖い。

(あれ、この人のバンド、今日は出ないはずだけど)

そう思ってたら、マオ君はまっすぐに僕のところへやってきた。といっても、狭いライブハウスの狭すぎる楽屋だ、ドアから僕のいる隅っこまではほんの五歩。つまり、逃げられない。

「あのさ、ゆうや君さ……」

「あ、はい、何でしょうか?」

「ゆうや君ってキャラクター面白いよね。今日のMCもめっちゃ面白かったよ。なんかさ、二人で副業やらない? お笑いのさ、コンビ組まない?」

あまりに突然のことで、僕はやっとのことで声を出した。

「あのぉ……えーっと、それはどういう?」

「だから、互いにバンドをやりつつの副業だよ。絶対面白いと思う」

「いや、でも、なんでお笑いなんすか?」

「お笑いが当たっても、バンドが当たっても、どっちが先でもいいじゃん。きっかけは何でもいいから、まず世に出ることが大事でしょ。ちょっと考えておいてくれない？」

マオ君が歌がうまいことは知っていた。でも正直、マオ君のＭＣは印象に残っていなかった。真剣に聞いていなかったというのもあるけれど、もしすごく面白いんだとしたら覚えているはずだ。いくら思い返してみても、マオ君のＭＣが面白いという印象はなかった。

それでも「考えておいて」と言われたからには、考えなければならない。マオ君は僕が知らないだけで面白い人なのか、コンビなんか組んで大丈夫なのか、そもそも音楽をやるためにお笑いを入り口にするやり方はアリなのか……ああでもない、こうでもない。僕は考えて考えて考え抜いた。そういうところはとことん生真面目なのだ。

そして、はたと気づいた。

（電話番号とかメールアドレスとか交換してないじゃん！）

僕らは二人とも人見知りだから、自分から相手の連絡先を聞くことができなかった。「考えておいて」と言われたからずいぶん時間をかけて考えたのに、その答えを返す場所を用意しておくのを忘れていた。

（しょうがない、今度会ったら直接話そう。電話番号も交換してもらおう）

次にマオ君に会えたのは二週間後だったか二ヶ月後だったか、今となっては記憶が曖昧《あいまい》だけれど、さほど時間は空いていなかったと思う。だけど僕はその間も「考えておいて」を忘れずに考え続けた。お笑い芸人になって、案外売れちゃって、漫才の大会かなんかで優勝して、美人アナウンサーのインタビューに「実は僕らバンドやってたんすよぉ」なんて答えている姿まで想像、じゃなくて妄想していた。

そしてついに、マオ君のバンドと対バンする日がやってきた。考えたことを筋道立てて全部話すつもりで、僕は頭の中をちゃんと整理していた。マオ君への質問事項もちゃんとまとまっていた。マオ君のバンドの出番では客席からライブを観て、MCもちゃんと聞いた。率直に言って、面白いとはまったく思わなかったけれど、それはまぁ、いいとして。

ひとまず僕は楽屋へ挨拶をしに行った。

マオ君は僕の顔を見るなり、にこりともせずに近づいてきた。

「あのさ、ゆうや君」

「はい！」

きた！　例の話だ。お笑いの話だ。

「正直に言ってもらいたいんだけど、うちのドラムどうだった？」

（え、ドラム？　例の話じゃないの？）

「いや、あの、いいと思いますよ、パワフルだし」

「あ、そうなんだ。ありがとう」

そしてマオ君は、くるっと踵《きびす》を返してソファに座り、僕の存在を視界から消した。

（あの、あのぉ……）

思いがけずの置いてけぼりだ。所在無げに立ち尽くす僕を気遣う人など誰もなく、出番を終えたバンドと、これから出演するバンドが慌ただしく行き交う。

「ちょっと、すみません」

ギターを抱えたどっかのバンドの手伝いが、僕を邪魔そうに見ていた。

「あ、ごめんなさい」

仕方がないので、退散することにした。

「じゃ、俺はこれで。お疲れさまです」

小さくそう言ったら、

「お疲れ」

マオ君はそう返してくれたけど、僕のことは見なかった。僕らのコンビ結成は、一体どうなるんだろう？

「なんでお笑いやろうなんて言ったわけ？」

僕はその後、シドに加入してからも、幾度となくこのときのことをマオ君に問いただしている。

だけど、マオ君は今日に至るまで、明確な答えを聞かせてくれてはいない。

「なんでだっけなぁ？」

のらりくらり。

「ゆうやのＭＣがすごく印象に残ってたから、言ってみただけ、たぶん」

やっぱり、のらりくらり。

僕は、弄《もてあそ》ばれたんだろうか。

だいたいこの人にはこれまでも同じようなことが多い。マオ君から言ってきたことを、僕が真面目に考えて返答すると、

「何の話だっけ？」

そう返されることが度々ある。

今にして思うのは、マオ君には僕のような凡人には理解が及ばない独自のワールドが確立されているということだ。彼の中で回路が突然繋《つな》がって、

「お笑いやろうよ！」

という方向に自動的に舵《かじ》が切られたことはおそらく間違いない。だけど、その回路が複雑すぎて誰にも理解できないのだ。

僕はなんていうのか、まるで放火されたような気分。火をつけられてこっちがメラメラ燃え始める頃になると、マオ君の中ではすっかり鎮火しているんだからタチが悪い。しまいには、

「ゆうや、なんでそんなに盛り上がってるの？」

なんて聞いてくる。

「お前が火をつけたからだろ！」

そう言っても、やっぱり最後にはのらりくらりとかわされる。

「そうだっけなぁ」

マオ君は、僕にとっては放火魔みたいなものだ。


ほどなくして、僕はマオ君のバンドに誘われることになる。

「一回スタジオ入ろうよ。遊びでやってみない？」

「あ、遊びだったらいいですよ」

そんなやり取りから始まった。

その頃の僕は知らなかったけど、マオ君は狙ったら外さない。しかもこうと決めたら行動が早い。人にものを頼んだり、頭を下げたりするのは大嫌いだし、基本的には先に手の内を見せるようなことはしないタイプなのに、少なくともメンバー選びに関しては、「急がないと他に取られる」

そんな強迫観念に突き動かされていたらしい。

僕は僕で、誘われるがままというわけではないけれど、わりとすんなり加入した。

「ゆうやのドラム、めっちゃ歌いやすいんだよね。やってくれない？」

マオ君にそう言われて、ちょっと、いや、けっこう舞い上がったからだ。

ちょうどこの頃、僕はドラマーとして最初の転機を迎えていた。今振り返ってみても、確実にそうだったと思う。一度天狗になって、怖いものなしで突き進んで、その長く伸びた鼻をへし折られて、やっと復活してきた頃だった。自分のドラムが認められることに、喜びを感じていた。それなのに自分のバンドが解散することになって、居場所は宙ぶらりん。そこにマオ君が現れたというわけだ。

「ドラム、うまいね。頑張ってるの知ってるよ」

そうなんだ、僕はちょっとばかりドラムを頑張っていた。

◉

十八歳まで、自分はプロのサッカー選手になるんだろうと、おぼろげながらに思っていた。通っていた高校は新設校だったけれど、サッカー推薦枠があったり、ブラジルから招《しょう》聘《へい》された監督が指揮をとっていたりと、どこからどう見てもサッカー強豪校にする気満々。僕はそのチームの中で、そこそこ期待される選手だった。

とはいえ、千葉県内にはサッカーの強豪として全国的に知られた学校がたくさんある。どんなに環境を整えても、できて数年程度のサッカー部では、最初の関門である県大会すら勝ち抜くのは難しい。

僕の全国大会出場の夢は叶わなかった。当然、僕のことが必要だというプロチームからのオファーもなかった。

高三の夏、部活を引退した僕は、遅ればせながら進路に迷うことになる。すぐにプロになれないんだとしたら、残された道は進学か就職か。ただ、親が進学を求めていたこともあって、就職は現実的ではなかったから、僕は大学進学について考えなければならなかった。でも、そこにも問題がひとつあった。

僕は勉強が大嫌いだった。

小学一年から十二年間ずっとサッカーをやってきた。活躍すればそれなりに褒《ほ》められるから、どんどんサッカーに没頭した。勉強なんてそっちのけだ。僕は勉強することに向いていないんだと、いつしかそんな風にさえ思うようになった。

だから自分としては、大学進学もまた現実味のない話だった。友達に聞いたら、大学ってところは四年も勉強した上に、最後に卒業論文という面倒くさいものを書かなければ卒業させてもらえないとか。そんなの無理だ。耐えられない。

そして僕は自分の進路から逃げるべく、進路指導の先生ともなるべく顔を合わさないようにして、仲のいい友達がいた軽音楽同好会の部室に入り浸るようになった。

当時はちょうど弾き語りがブームで、軽音楽同好会では、そんな流行りの音楽をコピーするのが主流だった。ひとりで弾き語りをしている奴もいれば、バンドをやっている奴もいたけれど、素人の僕が聴いても、面白いくらいにみんなヘタクソだった。

（こんなのカラオケだったら歌いづらいだろうな……何が悲しくてこんなにヘタな演奏を聴かされなきゃいけないんだろう）

そう思いながらも、毎日のように軽音楽同好会に足を向けた。僕は放課後の時間を持て余していた。部活をやっていた頃は午後七時までグラウンドで練習していたから、授業が終わってすぐ家に帰っても何をしていいかわからなかったのだ。

軽音楽同好会は、同好会だけに活動はユルかった。音楽好きの奴らが集まって、グダグダと時間を潰《つぶ》している。僕みたいな部外者がやってきても、誰も大して気に留めない。もっとも友達も僕も三年生だったから、後輩たちは何か思うことがあったとしても当然口には出さなかった。

「これ、ちょっとやってみていい？」

誰の返事も待たず、僕は空いていたドラムセットの前に座ってみた。その楽器をまじまじと見たのははじめてだったけれど、友達のバンドのドラマーの動きをいつも見ていたから、自分にもできそうな気がした。

自分の頭の中で流れている曲に合わせて、こんな感じかな？　と感覚的にスティックを動かしてみた。ドンとバスドラを踏み鳴らし、パシッとハイハットを叩く。もちろん当時は各パーツの名称はわからないわけだけど、いざ叩いてみたら案外まともな音が鳴った。

「お、けっこうイケるじゃん」

友達にそう言われて気分が上がった。

「ちょっと歌ってみてよ」

友達の歌に合わせて叩いてみれば、これがビックリするほどリズムが合っていた。

（俺、もしかしてセンスある⁉）

一度できると思ったらどんどん楽しくなって、僕は毎日ドラムを叩くようになった。

そして僕は天狗への道を歩み始める。すぐ天狗になる、というかおだてられると喜んで木に登るタイプ。それで態度も尊大になる。今思うとひたすら恥ずかしいけれど。

軽音楽同好会の数少ないドラマーのひとりであるA君のプレイを見て、天狗のゆうやが言う。

「あいつ、ドラム何年やってんの？」

横にいた友達が言う。

「中学のときからだから、もう五年以上やってるんじゃない？」

「そうなの⁉　ひょっとして俺のほうがうまくない？」

「確かにそうかも」

僕はなにしろ天狗だったので、どこまでも上から目線でものを言った。

「ねぇ、さっきの曲、もう一回叩いてみてくんない？」

キャリア五年以上のドラマーA君はいい人で、

「うん、いいよ」

と、快く僕のリクエストに応えてくれた。

その演奏が終わらないうちに、僕は隣のドラム台に座って見よう見まねで叩き始める。

「ここはこう、これがこうで、こんな感じでしょ?」

「おおお!」

周囲で見ていたみんなが静かに感嘆の声をあげて、顔を見合わせている。

「ゆうや、本当にすごいね」

A君が明るい笑顔でそう言ってくれて、僕はそのときちょっとだけ、調子に乗ってはしゃいだ自分を恥じた。

「でもさ、ゆうやって、初心者なのになんでそんなに叩けるの?」

「それが全然わかんないんだよ」

本当にわからなかった。僕は子供の頃から頭よりも体の理解が早くて、体を使うことなら人がやっていることを真似するのがうまかった。理由があるとすれば、自分で言うのもなんだけど運動神経がずば抜けてよかったから、全部そのおかげなんじゃないかと思っている。

ただ、僕は音楽に関する知識がゼロで、そのことは自覚していた。8ビートも16ビートも知らなければ、もちろん楽譜も読めない。基本の〝き〟が完全にすっぽ抜けた状態でも人並み以上にはやれたけど、このままだとこの先つまずくことは目に見えていた。そこらへんは今も昔も僕はすごく現実的だ。子供の頃から続けていたサッカーが、それを教えてくれた。

センスだけではトップになれない。何をおいても努力は必要だ。

（それを知っているんだから、やっぱり俺は最強になれる！）

そういう単細胞なところもまた僕らしいといえば僕らしく、この時点で僕はすっかり進路を定めていた。

「俺、ドラムやるわ。プロのドラマーになるために、東京に行く！」

この思い込みの激しさを諭《さと》すでもなく、東京の音楽専門学校に行くことをすんなり了承してくれたうちの両親もなかなかのものだ。って、こんなドラ息子にそんなこと言われたくないか。

とにかく、そうして進路が決まった僕は、卒業までの時間を使って本格的にドラムを習うことにした。

そこは家から電車で三十五分。知り合いから紹介された元プロドラマーの先生がマンツーマンで教えてくれるドラム教室で、基礎からみっちり叩き込まれることを望んだ僕にはぴったりだった。

もちろん僕の体は、教えられたことをぐんぐん吸収した。専門用語も難なく使えるようになって、三ヶ月ですっかりいっぱしのドラマーになった気分だった。

習った技術や用語を軽音楽同好会に戻って披露すれば、またしてもみんなが素直に驚いて褒めちぎってくれて、僕の長く伸びた天狗の鼻をさらに引っ張ってくれるのだった。

（めちゃくちゃ気持ちいい！）

人をどんどん抜き去っていくことの喜びは、見方によっては否定的に捉えられるものかもしれない。だけど僕のサッカーのポジションはずっとフォワードだった。敵のディフェンダーを抜き去らないとゴールはできない。だから一番になることの喜びを、僕は今も否定しない。ただ、そこで天狗になっちゃダメだ。と、さすがに今は思うけれど……。

「Aクラスか。ま、あたりまえだな」

入学した専門学校は、まずはじめに実技テストがあって、その結果を元にレベル別にクラス分けがされた。僕はいちばん上のAクラス。もちろん、天狗の鼻は順調にくすぐられた。

でも、僕はすぐに自分の過《あやま》ちに気づく。

（俺、もしかして進路を誤ったんじゃないか？）

クラスメイトのやる気はほとんどゼロに近かった。中には田舎から夢を抱いて上京して、一所懸命やろうとしている奴もいたけれど、残念ながら僕が切磋《せっさ》琢磨《たくま》し合いたいと思う技術を持った奴はひとりもいなかった。

「僕は幼稚園のときに始めました」

「中学からずっとバンドやってます」

ドラム歴が長いことと、うまさはイコールじゃない。

「僕はまだ初めて半年なんですけど」

そう言って僕が叩けば、また周囲がざわつく。気持ちいい。気持ちいいけれど、次第にそこには苛立ちが混じるようになってきた。

先生が手本の演奏をしているときに、僕の横でクラスの奴らがコソコソと話している。

「今夜、合コンなんだけどさ、三対三の予定がひとり足りなくなっちゃったんだよ」

みんなただの学生だった。友達を作りに、社会に出る前に猶予された時間の暇つぶしをしに学校に来ているんだと思った。

専門学校が専門知識を得るための場だと思っていた僕のほうが、よっぽど世間知らずだったのかもしれない。

僕はドラムを叩きたかった。もっともっと上達したかったし、百人いたら百人にうまいと言われたかったし、誰にも負けたくなかった。周りから見れば鼻持ちならない奴だったかもしれないけれど、ドラムに対する気持ちだけは純粋だったと思っている。だから、耐えられなかった。

（このままここにいたら、ドラムまで嫌いになりそうだ）

僕は、一年経つ前に学校をやめた。

迷いはなかった。先生から学ぶことがけっして無駄ではなく、自分の肥やしになっていく可能性も低くないとは思っていたけれど、それよりも外で刺激を受けることのほうが、ドラマーとしての自分には必要だと思えた。

その頃は上京してから結成したバンドで精力的に活動していて、ライブの本数もどんどん増えていた。ライブをやることが、何よりの勉強だった。

ライブには対バン相手がいて、そのバンドにもドラマーがいる。

（絶対負けないからな）

僕にとってライブは対外試合みたいなもので、出るからには負けるわけにはいかなかった。でも、幸か不幸か、ライバルはなかなか現れなかった。

だから僕の天狗時代は、まだまだ続く。

「なんでそんなにうまいの？」

どこのライブハウスに出ても、スタッフの人にそう言われた。

僕はまだ二十歳前で、周りは年上ばかりだったせいもあるんだろうけど、

「お前、すごいよ」

「才能あるね」

みんながそんな風に僕に声をかけて可愛がってくれた。

だけど僕にはひとつ、引っかかることがあった。褒めてくれるとき、みんなが同じ前置きをする。

「まだ一年しかやっていないのに、うまいね」

「その年でこんだけやれたら十分だよ」

若さがアドバンテージなのだ。それは僕にとっては邪魔だった。年齢とかキャリアとかに関係なく、掛け値なしに〝うまい〟ドラマーに僕はなりたかった。

そうは思いながらも、若い天狗は褒められるがままに鼻を伸ばし続け、僕はその界隈《かいわい》ではちょっとは知られた存在になっていた。むろん、ものすごく狭い世界での話だ。ライブハウスにはそれぞれ特色があって、ジャンルやバンドの系統が偏《かたよ》るし、ハコのスタッフさんに一度気に入られるとよく出してもらえるようになるから、対バン相手も必然的に似通った顔ぶれになってくる。その中に居続ける限り、僕は天狗でいられた。

しかし当然のことながら、新陳代謝は繰り返される。常連のひとつが解散すれば、新しいバンドが入ってくる。ライブの企画が持ち上がれば、それに見合ったバンドをプロデューサー的立場の人間が集めてきて、中には目新しいバンドもある。

僕の長い長い天狗の鼻を折ったのは、そんな中で出会ったバンドのドラマーだった。

ある知り合いが、インディーズバンドを集めてオムニバスＣＤを作ることになり、僕のバンドも参加することになった。全部で十バンド。知っているバンドも、知らないバンドもあった。その対バンしたことのないバンドに、そのドラマーはいた。

ちなみに、マオ君もそのメンツの中にいたんだけど、それはまた別の話だ。

そのドラマー、仮にＢさんとしておこう。彼は僕よりけっこう年上で、プレイスタイルも僕とは違っていた。だけど、理屈抜きに、

「スゲー！　この人スゲー！」

そう思わせる力があった。

はじめてライブを観たとき、僕はそのプレイにぐんぐん引き込まれて、気づいたら逃れられなくなっていて、本当に今すぐ走ってアパートに帰って声をあげて泣きたいぐらいにショックを受けた。

彼はいとも簡単に、天狗の鼻を折ったのだ。

いや、僕にしてみれば折れたどころじゃなかった。根こそぎやられてえぐれたぐらいの気分だった。

でも、僕は基本的にポジティブだ。鼻を根こそぎ持っていかれて顔がえぐれたなら、そこを早いところ埋めなくちゃいけない。

僕はショックを受けたそのライブの直後、オムニバスＣＤの企画をした知人をつかまえ

て言った。

「あのドラムの人、紹介してください！」

Bさんは気さくな人だった。最初は僕の前のめりな勢いにちょっと面喰らっていたけれど、あるお願いをしたら二つ返事で受け入れてくれた。

「僕にいろいろ手伝わせてください」

僕は、Bさんのいわゆるローディーにしてもらった。楽器の面倒をあれこれ見る専属スタッフだ。スタッフになればタダでライブを観られるし、ステージの袖から観れば違う角度からプレイを覗くことができる。あとは機材を運んだり、セッティングしたり、チューニングをサポートしたり。彼のドラムの仕組みがわかれば、めちゃくちゃすごいプレイの秘密も見えてくるんじゃないかという目論見《もくろみ》もあった。

つまり僕は、自分がよりうまくなるための近道をしたかった。ずっとその人を観ていれば、間違いなく何かいいものが盗めるはずだという確信があって、何よりそれはタダなのだ。あとは僕自身が努力しさえすればいい。

僕のこういう行動パターンは、サッカーで培《つちか》ったものだと思う。サッカーは抜け目なくてナンボ。盗めるものなら、ちゃっかり盗め！

期間としては数ヶ月だったけれど、すごくいい経験をさせてもらったし、面白くもあった。はじめて尊敬できるドラマーに出会えたことも、僕は嬉しかった。Bさんのテクニックの欲しいところを真似しているうちに、自分のプレイも少し変わってきて、相変わらず周りには褒められた。これからもっと僕はうまくなれる。いいドラムを叩いていれば、デビューのチャンスだってあるはずだ。そう信じて疑わなかった。

が、そんな矢先、呆気なく僕のバンドが解散することになった。これに関しては、まぁよくある理由というか、メンバー間の音楽性や性格の不一致が原因なので詳しいことは割愛するけど、そのとき僕が途方に暮れたことは言うまでもない。

あちこちのバンドをサポートするのはアリだけど、それにしたって誘われるのを待っているだけなのはつらい。さて、どうしたものか。

そう、そんなときだったのだ、マオ君が現れたのは。

◉

「ゆうやのドラム、ほんといいね。今までていちばん歌いやすい」

そう褒めてくれたマオ君と組んだバンドは、先に言ってしまうと活動期間が一年に満たないうちに解散した。

音楽性は悪くなかった。ヴィジュアル系やハードロック系のバンドが多く出演する池袋CYBERや目黒ライブステーションによく出ていたけれど、僕らのバンドはわりとポップス路線だったし、メイクもごく薄いやつをしたりしなかったりだったから、けっこう目立っていたと思う。

ただ、人気があったかというと、残念ながら特にもてはやされた記憶はない。活動期間が短かったこともあって、このバンドのことを覚えている人も今となってはそう多くはないはずだ。

このバンドの解散については、僕はさほど痛手には思っていなかった。やっている音楽は悪くはなかったけれど、手応えがなかったというか、バンド自体にギラギラした情熱があるように思えなかったから、解散することに異論はなかった。

マオ君とはまた、ライブハウスでよく会う顔見知りという間柄に戻った。さすがに一緒にバンドをやったから連絡先の交換はしていたけれど、正直、友達と呼べるほど近しい関係にもなれなかった。

この頃、同じ界隈でライブをしていたバンドの中に、明希とShinjiもいた。

でも、みんなただの顔見知り。

本当に狭い世界で、バンドは解散と結成を繰り返して、昨日の敵は今日のメンバーになり、今日のメンバーは明日の敵にもなる。あそこのギターがあのバンドに引き抜かれたとか、どこそこのベースがあそこのヴォーカルと組んだとか、そんな話を毎日のように耳にした。

だからライブをやると、お客さんの後ろに何人かのバンドマンが立って、ヒソヒソと話をしていたりする。それは出演しているバンドのただの友達かもしれないし、いいミュージシャンに狙いをつけて、自分のバンドに引き入れようとしている狡猾《こうかつ》な奴らかもしれない。

僕はドラマーなので、ステージの後ろから冷静に客席を見ていることが多い。いつもどこかのバンドマンらしき奴らを値踏みでもするかのように観察して、

（こいつらのバンド、確かドラムが抜けたんだっけ？　じゃあ、誰を狙いに来てるんだろう。ま、俺じゃなさそうだな）

そんなことを考えたりしていた。演奏に集中しろよって話だけれど。

マオ君とのバンドを解散してから、僕はあちこちから頼まれてサポートで叩いたりしながら、将来を模索していた。二十代も半ばに近くなると、やっぱりちょっと不安になってくる。ドラムがうまいと言われれば言われるほど、年を重ねたらそれが逆に足かせになるような気がした。

「ゆうやさん、うまいのにプロになれなかったんだね」

自分が三十歳を過ぎてそう言われることを想像すると身震いがした。怖い。それは本当にものすごく怖いことだ。

時はもう二〇〇三年――ドラムを叩くことを進路に据えてから、四年が経とうとしてい

た。

ライブハウスの後方にその二人の姿を見つけたのは、その年の春だった。

(あれは確か、最近マオ君と一緒にやっている人だよな)

そこにいたのは、かつてのバンドメンバーであるマオ君と、最近彼と組んでいるという顔中ピアスだらけの、どこか目の焦点が合っていないようなベーシスト。なるべく関わり合いにはなりたくないタイプだ。

でも、そのときのマオ君の表情に、僕は見覚えがあった。

「ゆうや、俺、来たよ」

顔がそう言っていた。あのときと一緒だ。前に誘われたときと同じ顔だ!

(これ、きっと俺を引き抜きに来たんだよな)

だいたい二人して仲良くライブだけ観に来るわけがない。僕はイヤな予感しかしなかった。

そして案の定、終演後の楽屋には二人の姿が。

「ゆうや、久しぶり。今この明希と新しいバンドをやってるんだけど、明日最初のライブをやるんだ。観に来てよ」

(なんだ、ライブの誘いか)

そう思いつつ、マオ君のことだからそれだけじゃ終わらないだろうとも感じていた。でも、ライブの誘いを断る理由もない。

「わかった、行くよ」

今にして思えば、という話だけど、この返事がたぶん運命の最初のスイッチだった。もしもこのときバイトの予定が入っていてライブを観に行けなかったら、シドと僕の運命は今とは違ったものになっていたかもしれない。

もちろん、このときはそんなことを知るよしもなかった。


そして、その次の日――。

最初の一音を耳にする以前に、僕は吐き気を堪《こら》える羽目になった。

(なんなんだよ、その格好は⁉)

マオ君も明希も、そしてサポートギターのShinjiも、おぞましいほどのメイクとバカみたいにキテレツな衣装でステージに現れた。

(うぇー気持ち悪い。気持ち悪い。めちゃめちゃキモチワルイ)

この人たちはなんでこんな格好で音楽をやらなきゃいけないのだろうか。まったく理解に苦しむ。

演奏に関してはけっして悪くはなかったと思う。でも、見た目のインパクトが強すぎて、正直ほとんど覚えていない。

僕がそのとき考えていたことといえば、

（感想を求められたらどうしよう）

ということだけだった。

マオ君が望んでいるような感想はきっと言えない。なにしろ僕は、こんなに見た目の気持ち悪いバンドを観たのははじめてだからだ。気持ち悪い以外に感想などない。良いとか悪いとか、そもそも音楽の話をする次元じゃない。

でも不思議なことに、お客さんがすでにけっこうついていて、それなりに盛り上がっていた。僕には理解できない世界だった。

だから楽屋に向かう足取りは重かった。招待されてライブを観て、黙って帰るわけにはいかないから挨拶だけはするつもりだったけれど、どうにも気分が乗らなかった。絶対に感想を求められるからだ。

そしてマオ君は、僕の顔を見るなり言った。

「ドラム、どうだった？」

これはデジャヴュか？　ていうか、そうきたか。

「いや、うん、悪くなかったとは思うけれど」

ドラムのことなら、感じたことをそのまま話せばいいだけだ。僕はとりあえず、頭に思い浮かんだことを話した。いずれにしろ当たり障りのない言葉を並べただけだ。

「そっか。でもさ、サポートなんだよ、今日のドラム」

「うん、そうらしいですね」

「だからさ、次からゆうやが入ってくれない？」

やっぱり、僕はマオ君に狙われていたのだ。でも、僕にも譲れないものはある。このときははっきり断ろうと思っていた。

「でもなんか、俺とはイメージが違う気がするんですよね」

「なるほどね。で？」

「いや、だから、化粧したくないんですよ。しなくていいなら考えますけど」

なんだか狙った方向とは話がズレてきた気がするけれど、僕は言うべきことを言った。

するとマオ君は少し考えてから、こう言ったのだ。

「わかった。化粧とか、そこらへんは考えなくていいや。今は」

僕はこの直後の二度目のライブから、サポートドラマーとしてシドに参加した。なぜか、どぎついメイクをして。しまいには頭に酸っぱい匂いがするイカゲソまでつけて。

あとから聞けば、明希もShinjiもマオ君に狙い撃ちされてメンバーになったという。

僕らは四人とも親しくはなかったけれど顔見知りで、どのバンドでやっているかぐらいは互いに常に把握していた。

だから、ツンツン尖ってとっつきにくそうなマオ君が急に社交性を発揮して、自分のところにやってきたときはみんな怪しんだ。でも、マオ君にとってはこれが最後のバンドだという覚悟のもとに、意を決して集めたメンバーだった。

明希はバイト先の靴下屋さんに電話がかかってきたらしい。

「そちらにベース弾く男の人が働いていると思うんですけれど。ピアスいっぱいしている……アキっていう人、いますよね？」

自宅の電話番号を知らないのはもちろん、なんと本名も知らなかったという。マオ君は世間話のついでに聞いていたアルバイト先だけを手掛かりに明希を探し当てたのだ。

Shinjiは自分のバンドのライブのあとに、楽屋で誘われたという。「マオ君の本気度が顔に出すぎて、めっちゃ怖かった」とは本人談。

「うわー、こいつなんで俺のこと睨《にら》んでんの⁉　って思ったよ」

マオ君に誘われた時点で、全員がそのときやっていたバンドのリーダーだった。普通なら、リーダーをやるような我の強い人間を四人集めたってうまくいくはずがないと思うところだけど、マオ君は違った。

「強いものを四つ集めたら四倍強いはずでしょ。『ドラゴンボール』みたいに」

ハイリスクを承知で、彼は人生最後のバンドと決めたシドを結成した。

そして、マオ君の誘いを受けた僕ら三人も、多少は訝《いぶか》しみながらもマオ君の本気度に賭けてみたくなったのだ。

もっとも、Shinjiと僕はギリギリまでサポートの立場を譲らなかったけれど。

◉

化粧をしないはずが死人メイクを施され、裏切られた僕は、だけどその日のライブで確かな手応えを感じていた。

お客さんのノリが、今まで僕がやってきたどんなライブとも違ったのだ。人数で言えばほんの二十人かそこら。もちろんスタートしたばかりのバンドにそれだけのお客さんがついているのは奇跡みたいなものだったけれど、その二十人のエネルギーが丸ごとステージに向かってくるような、そんな強さを感じた。

(このバンドは通用するかもしれない)

バンド内でのやり取りにも常に熱がこもっていた。

ライブは少なくとも週一、多ければ週三。その合間にスタジオに入って練習して、リハーサルを繰り返す。

曲は明希が作っていた。

明希はL'Arc-en-CielやLUNA SEA、日本のヴィジュアル系バンドも聴いていたけれど、基本はゴリゴリのハードロック好きだった。この頃、ヴィジュアル系ロックシーンも一時期の盛り上がりが落ち着いて、メロディアスなバンドよりはダークな音楽性が主流になってきていたから、タイミング的には悪くないはずだった。

でも、マオ君は違うビジョンを持っていた。

「今、ダークなロックが流行っているからこそ違うことをやるべきだし、目立っていればデビューのチャンスが早く摑める気がする」

マオ君の提案の軸にあったのは〝昭和歌謡〟ロックだ。以前一緒にやっていたバンドの終盤にはすでにそのアイデアがあったけれど、うまくいかなかったという。

「何より、俺の声に合うと思うんだ」

方向性としては面白いなと思った。

そこで弱ったのは明希だ。そんな曲はこれまで書いたことがなかったから、マオ君から山口百恵やらちあきなおみやらを聴かせてもらって、イメージを膨らませた。最初はあまりにゴリゴリの曲を持ってきたりして、みんなが面喰らう場面もあったけれど、だんだんシドの本質が見え隠れするようになってきた。

僕はサポートの立場でありながら、ああだこうだとよく意見を言った。自分は曲を書いたことがなく、アレンジもしたことがないのに、姑が重箱の隅をつつくように細かいところまで指摘した。

「ギターのこのフレーズはさ、もっとハネた感じがいいよ」

「ここのベース、もっとシンプルに弾いてくれるとドラムが合わせやすい」

もちろん僕も、みんなにあれこれ言われる。

「ここ、ちょっと走りすぎて（※速くなりすぎて）るから抑えて」

「もっとタメてくれたほうが歌に合うよ」

一曲に対して、メンバー全員がこんなに意見を言うバンドをやったのは少なくとも僕ははじめてだった。でもそれが不思議と心地よかった。

こうしたやり方は、いつしかシドの基本姿勢になった。全員が納得するまで曲を練り直し、それぞれのプレイと向き合い、シドという音楽に育てる。

それにしても、曲を作らない奴に、しかもサポートメンバーに自分の曲についてつべこべ言われて、よく明希は腹が立たなかったなと思う。あとから聞けば、彼が通っていたライブハウスの先輩たちから、二十曲作って一曲採用されれば上出来だと教わっていたのだという。なんという厳しい教えだろう。

「そうじゃなかったら、俺、とっくにキレてたよね」

いつだったか明希はそう言ったけれど、僕が同じ立場だったらもっと早くキレていたと思う。

もっとも、僕もそのうち、

「そんなに言うんだったらさ、自分でも作ったら？」

と、みんなに言われて、いよいよ重い腰を上げることになるのだが、それはもうちょっとあとの話だ。

しばらくは明希がせっせと曲を書いて、深夜のファミレスやファストフード店でマオ君に聴かせていた。当時、二人は同じ深夜バイトをしていたのだ。

そしてある明け方、マオ君は池袋の居酒屋でいつものように明希が作った曲のＭＤを聴いて思わず身震いしたという。

「吉開学《よしがいまなぶ》17歳（無職）」

明希渾身《こんしん》のその一曲は二〇〇三年、シドの記念すべき第一作になった。

「この煽り曲で、まずは上り詰めていこうぜ！」

音源は四人で録音した。

当時、明希の友達がＭＴＲ《マルチトラックレコーダー》を持っていたので、それを借りてレコーディングすることになった。行ってみたら、普通の住宅街にある普通の一軒家。

「お邪魔しまーす」

そう言って友達の部屋に上がり、押入れに急ごしらえしたヴォーカルブースの中で、マオ君は朝から叫び続けた。

「パパごめんなさい　ママごめんなさいー！」

これぞ宅録の醍醐味《だいごみ》。

明希の友達の家族にはたぶんかなり迷惑だったに違いないけど、出来上がったこのMDは爆発的に売れた。ライブでやるとハコが壊れんばかりに盛り上がり、帰りにお客さんがみんな手に取ってくれたのだ。

総販売数は二千百枚。一枚千円で売ったから、かなり儲《もう》けが出たことになる。

ただ、このMDのおかげで、僕らはこの時期、ほとんど睡眠が取れていなかった。録音用のMDを家電量販店で大量に仕入れてきては、手作業でダビングする。僕もShinjiも何の疑問も抱かずに手伝っていたけれど、よく考えたら僕ら二人はまだサポートメンバーだった。ギャラはもちろん交通費すら一円ももらっていない。

毎日毎晩、吐きそうになるまでダビング作業を繰り返した。いつの間にか一人一晩三十枚というノルマが課せられて、いったい自分たちは何屋なんだ⁉　と思ったことも一度や二度じゃない。売れてホクホクする暇はまったくなく、バイトとダビングの繰り返しで日々が過ぎていった。

余談だけれど、ダビングしたMDにはたまにエラーもあって、お客さんから、

「音入ってませんでした」「同じ曲が二回入ってました」

なんてクレームもたくさんあった。

最初は丁寧に謝って、ちゃんと音が入っているものと交換していたけれど、だんだん面倒になってきて、

「それ、大当たりだよ！　ラッキーだったね！」

なんて言ってごまかしたりもした。

このMD、シドがデビューしてからはずいぶんプレミアがついて、一時期はオークションで何万円もの金額で取引されていたと聞いたこともある。

いずれにしろ、シドにとっては大きな最初の一歩になった作品だし、メンバーの思い入れもたっぷりだ。今ももちろん、大事に演奏している一曲だ。


この「吉開学17歳（無職）」がひとつの起爆剤になったのか、あるいはマオ君がとにかく他のバンドとは違うことをしようというコンセプトのもとに、いろんなアプローチを試みたことが功を奏したのか、このあたりからシドの人気は一気に高まった。

ライブをやるたびに目に見えてお客さんが増えていって、インディーズながら黒字が出るようにもなってきた。

多いときで、一晩で十数万円。ヘアメイクとかカメラとか、手伝ってくれた友達に交通費と材料費を支払っても、手元にはけっこうなお金が残った。バンドの活動費としては十分だ。

僕はコンビニでバイトをしていたけれど、シドの活動が忙しくなればなるほどシフトに入れなくなって、貧乏を極めていた。電車に乗ったはいいけれど精算するお金がなく、改札の外からShinjiに小銭を手渡してもらったこともある。

もちろん僕だけでなく、メンバー全員が似たり寄ったりの生活をしていた。

みんなのお金を合わせても三百円がどうしても足りなくて、リハーサルスタジオを借りるのを諦めたこともある。

そんな経験をしていたから、活動費の心配がないというのは、もう天国のようだった。ありがたくて、そのお金を次のどんな活動に回そうか、どんなライブをやってファンに喜んでもらおうか、そんなことを話し合うのも楽しかった。

でも、僕らはまだ若かった。そしてバカだった。黒字が出ることに慣れてくると、気が大きくなったまま使ってしまうことがあった。

「すっげぇうまい肉とか、食いたいよね？」

誰からともなくそう言い出して、四人で今まで縁遠かった高級焼肉店で思う存分飲み食いして、一晩で全部使ってしまったこともある。

当時、バンドのマネージャー的役割を果たしてくれていた女友達はその金遣いに激怒していたけれど、実は僕らはあんまり反省していなかった。

なぜなら、人気が落ちなかったからだ。

ライブはいつも盛況で、やるほどにお客さんは増え、イベントに出ても他のバンドのファンがシドに乗り換えたかのように盛り上がってくれる。実際、その人たちは次のライブにも来てくれたから、結局僕らが誰かの〝ファンを奪った〟ことになるんだろう。

シドを始めたときから、少なくともマオ君は音楽でのし上がっていくための勝負には全勝するつもりでいた。僕らにとっては、その状況は目標を達成するための通過点だった。だけど、周りにはそれを面白く思わない人たちも出てきた。僕らに対するライブハウスや対バンの人たちの態度が次第に変わってきたのだ。

顕著だったのは、シドがトップバッターでライブをやったとき。その直後にドアが固く閉ざされて、お客さんがフロアの外へ出られないようにされた。ライブのあと、僕らが物販のブースに立って音源やステッカーを売ったり、ファンと話をしたり写真を撮ったりするのをみんな知っているので、お客さんは一気に会場の外に出てしまう。すると客席がガラガラになる。それを阻止するための手段が、〝シドの客はフロアへの出入り禁止〟という突発的に出てきた意味不明のルールだった。

「シドは他のバンドの客を取るからダメ」

そう言われて、出演できなくなったライブハウスもある。

僕らにしてみれば、それは悔しいどころか、面白くて仕方のないことだった。自分たちが目指していたことが、次々に現実になっている。

（このままいけば、デビューできそうだな）

サポートメンバーの僕でさえ、そう思い始めていた。


正式なメンバーになることを打診されたのは、二〇〇三年の秋ごろだったと思う。バンド活動は順調で、すべてが右肩上がり。Shinjiも僕も、サポートだからと特に遠慮することもなくバンドの一員として活動していたから、誘われるのも時間の問題だとは思っていた。

どっちが口火を切るか、それについてはマオ君と明希とでずいぶん前から話し合っていたに違いなく、最初は明希がマオ君に背中をつつかれて言葉を発した。

イベントに出るためにみんなで車移動して、そのライブが終わった直後だった。

「ゆうやとShinjiさ、そろそろアレなんじゃないですか？」

Shinjiも僕も、何て答えていいのかわからなかった。

「シドに入っちゃうとか、そういう話なんじゃないっすか？」

真面目な話をするのが、きっとすごく恥ずかしかったんだと思う。明希はふざけ半分な感じで、同じような言葉を繰り返した。

それをフォローするように、今度はマオ君が真面目な顔をして言った。

「俺ら、本気で考えて二人に話してるからさ、考えておいてよ」

考えておくも何も、実はShinjiと僕もずっとそのことを考え続けていた。

よく二人で飲みに行っては、

「これからどうする？」

そんな話をしていて、当然のようにシドに正式加入するのか否かという流れになった。もちろんそれを決めるのは僕らじゃなく、マオ君と明希の二人なわけで、だからいつもちゃんとした答えを導けないまま会話は終わっていた。

でも、はっきりと誘われたからには、改めて考えて答えを出さなければいけない。それは僕ら二人それぞれの人生を左右することでもあるから、とことん慎重に考えるべきことだ。

僕らはその日の夜、二人で居酒屋に行った。

「ゆうやはどうするの？」

「Shinjiはどうしたい？」

ああでもない、こうでもないと話し続けて、

「もう、なんだったらやめちゃう？　やめて、別のバンド一緒にやらない？」

実はそんな話も出た。今だから言えることだけど。

そしてこれも今だから言えることだけど、僕がシドへの正式加入を迷った大きな理由のひとつは、明希の存在だった。

シドをサポートすると決めたときから、実はそれだけが不安だった。ミュージシャンとしてどうこうではなく、明希は僕がはじめて接するタイプの人間だったので、どういう態度を取っていいのかわからなかったというのが正直なところ。

もう奴はその頃からイッパシのロックスターだったのだ!!

インディーズのバンドの多くは、ステージ周りの世話をしてくれるスタッフなどいないから、自分たちの出番を終えたらメンバーみずから機材を運び出してステージを片付ける。次のバンドが控えているから、それは即座にやらなければいけないことだ。

でも、明希は楽屋に引っ込んだら、二度と出てこなかった。

だから、僕らがそれぞれの楽器を片付けても、明希のベースとアンプだけはそのまま放置。見かねたライブハウスのスタッフがしびれを切らして、僕らに言う。

「ねえ君たち、これ、早く運び出して」

渋々と機材を積み終えたハイエースの荷台に腰掛けて、Shinjiと僕は缶ビールを飲みながらいつもぼやいていたものだ。

「これっていくらなんでも理不尽だよなあ」

僕がそう言うと、Shinjiも深くうなずく。

「そうだよ、俺らローディーじゃないし。ギャラもらってるわけでもないし」

ステージで演奏したあとの心地よい疲労感とは裏腹に、僕たちの心がすっきりと晴れることはなかった。

でも、僕らがそうやってぼんやりと夜空を見上げていると、いつからか決まってマオ君が申し訳なさそうにやってくるようになった。

「なんかもう、ゴメンね。俺がもうちょっとうまいこと明希に言うからさ、今のところは大目に見てやってくれないかな。ちょっと人見知りしてカッコつけてるだけなんだよね」

マオ君はいつもそうやって明希をフォローした。僕らも、マオ君がそこまでかばうからには、自分たちが知らないいいところがあるんだろうと思って、波立つ気持ちをなだめていた。

思うに、明希もそうだし、僕らだって、まだ子供だったんだろう。お互いに理解が及ばず気持ちがすれ違ったまま意地を張っていたのかもしれない。

こんなことを書いたら、きっとファンの人が心配するだろうから念のためフォローしておくと、今現在の明希との関係性に問題はまったくない。

マオ君が当時から明希を信頼していた理由もわかってきたし、僕もそれなりに大人になって、明希という人間を理解できるようになったのだ。長い付き合いの中で、たとえばひとつの問題に対してどの引き出しが開くか、互いにわかってきたから面白いように会話も続く。だから好きになったとか、仲良くなったということよりも、互いを受け入れたというニュアンスのほうが近いと思う。

　メンバーそれぞれを理解していくという意味では、当たり前のことかもしれないけれど、明希だけではなくマオ君にしろShinjiにしろ、時間と共により信頼は深まった。しかも、その過程がすごく恵まれていた。バンドがどんどん成功を摑んでいく中でずっと一緒にいた彼らを、大事に思わないことのほうがきっと難しい。

　事実、明希に対するわだかまりが一向に消えない状態で、Shinjiと僕が正式加入することにしたのは、たくさんのファンの存在があったからだった。

　サポートメンバーにもかかわらず、僕らにもすでにファンがついていた。

「しんぢー！」「ゆうやー！」

　ステージに出れば、多くの声がかかる。その人たちはいつも来てくれて、さらに新しいファンが増えて、熱気がどんどん増していく。その様子を肌で感じていたから、そう簡単にやめるとは言えなかった。

「このバンドで、もしかしたらプロになれるかもしれないしね」

　Shinjiとはそんな話もした。

　とにかく、今まで経験したことのない勢いでお客さんが増えていた。シドの前に参加したすべてのバンドで、あらゆるアイデアを出しては試行錯誤を繰り返しても一向に増えなかったお客さんが、シドでは驚くほどのスピードで増えていく。正直、これだけのお客さんの前で演奏できるチャンスをみすみす逃すのはバカだと思った。

それに、サポートだろうが正式メンバーだろうが、ステージに出たらやることは同じだ。

「だったら、正式に入っちゃってもいいんじゃない?」

答えが出るのと同時に、二〇〇三年が終わろうとしていた。

◉

かくして、シドは正式に四人編成のバンドになった。

僕らが正式メンバーになったことは、二〇〇四年一月十四日、目黒鹿鳴館でのワンマンライブで発表することになった。

今、シドのバイオグラフィーでは、これがバンド初のワンマンと記されているけれど、実はその前に無料ワンマンをやっている。

自分たちにどのぐらい人気があるのか、どれだけの動員力があるのか、対バン形式のライブでは正確にわからないことも、ワンマンなら目に見えるだろうと思っての企画だ。

当時、六本木にあったY2Kというライブハウスに知り合いがいて、お客さんにドリンク代を負担してもらうだけの条件で貸してもらえることになったのだ。

「その代わり、たくさん客呼べよ」

そう言われても不安はなかった。

ただ、たくさん来てくれるとは思っていたけれど、まさかぎゅうぎゅう詰めで二百人が入るかどうかというハコに、七百人の応募があろうとは予想もしなかった。

シドは、僕らが思うよりずっと人気者になっていたらしい。

でも、そこで問題が浮上した。

「どうしよう、曲が足りなくない？　今ある持ち曲だと一時間もライブできないんじゃないか」

急激に人気が出たといっても、シドはまだ結成してから半年程度のバンドだった。オリジナル曲は、この時点でたったの八曲。

僕らは急遽スタジオに入って曲作りに没頭した。厳密にはまだ正式メンバーではなかったShinjiも曲を持ってきた。

Shinjiは以前のバンドでも自分の曲をやっていて、曲作りに関してはけっこう厳しかった。ギター以外のパートも全部作り込んで、誰かがちょっとでも勝手にアレンジを加えるとすかさず却下していたという。一曲に対して全員であれこれ意見をぶつけるシドのやり方に、最初はずいぶん驚いたようだけど、正式加入することになって腹を据えたんだろう。

そのとき形になったのが「妄想日記」だ。

はじめてデモを聴かせてもらったとき、誰よりも先にマオ君が盛り上がって、

「これは絶対やろう！」

そうゴーサインを出した。

それまで唯一の作曲者だった明希は、もしかしたら悔しかったかもしれない。そう思うのは、その後のシドの曲作りに僕自身も参加することになって、何度も何度もバンド内コンペで敗れる悔しさを味わったからだ。でも、それもうちょっとあとの話。他のメンバーがこの本のどこかで語ってくれると思う。

いずれにしろ、バンド内で切磋琢磨して曲を作っていくスタイルは、ここから始まったと言っていい。満場一致で選ばれ、アレンジまで施された曲はやっぱりいい曲で、後々まで残る。

「妄想日記」は、今なおシドのライブの定番曲だ。


バンドの快進撃は続いた。

「俺たちにかなう奴はいない」

四人ともそう思ってステージに立っていて、お客さんがそんな僕らを信じてついてきてくれて、シドとそのファンはどんどん勢力を拡大していった。対バンに誰が来ても負ける気がしなかった。

それに、えげつないほどに他のバンドのお客さんを煽って盛り上げて、結局こっちに取り込んでしまうから、インディーズシーンでシドは煙たがられてもいた。そしていつしか、対バン相手は固定ファンがしっかりついている事務所付きのバンドばかりになった。

それでも、僕らのスタンスは変わらなかった。

「今日も絶対に客を取りに行く！」

ステージからとことん煽って、ステージを降りればおしゃべりをして一緒に写真を撮る。事務所付きのバンドはそれぞれの所属先のルールがあって、僕らと同じことができるバンドは皆無だった。だから、僕らのやり方はそこでもすごく嫌がられた。

「そういうの、やめてくれないかな。イベントが台無しになるじゃないか」

対バンの事務所の人から直接諭されたこともある。

だけど僕らにそれを受け入れる義理はない。そっちに事務所のルールがあるのなら、こっちにもインディーズバンドとしてのルールがあるからだ。シドはシドのやり方を貫く。ひとりでも多く、シドの音楽を聴いてくれるファンを増やすためなら、どんな努力も厭《いと》わない。それ以上でもそれ以下でもなかった。

ただ、他のバンドに比べて、僕らが徹底的に戦略的だったことは認める。どんなに対バン相手に嫌われても、自分たちが生き残ることが何より大事だと思っていたからだ。ここで勝ち抜かないと、メジャーの世界は見えてこないと思っていた。

たとえばイベントで、三十分の持ち時間にバラードをたった三曲だけ歌い上げて、それでステージを終えたことがある。シドのファンからもブーイングだったし、バラードしかやっていないから会場は盛り上がらない。すると、対バン相手は、

「今日は客を取られなかった」

そう胸をなでおろすけれど、その人たちがライブを始めた途端に、僕らは四人で物販ブースに立って、お客さんの興味を全部こっちに向けるのだ。

そりゃあ嫌われる。でも、嫌われて上等だった。

そうした考えは、移動中の車の中とかで思いついて実行に移すことがほとんどだった。対バン相手と仲良くするのは士気が下がるからやめようとか、なんならとことん嫌われてやろうとか。

ライブ当日に対バン相手の人たちと顔を合わせたら、普通なら、

「今日はよろしくお願いします」

そう挨拶するのが常識だ。それがいちばん当たり障りのない処世術。だけどシドは、出番の直前にあえて対バン相手が見ている前で円陣を組み、聞こえよがしにこんなことを叫ぶ。

「今日は俺らがいちばんカッコいいからな」

「対バン相手全部ぶっ潰すぞ！」

「客をいちばん呼んでるのも俺らだからな」

そこまでやる意味があったのかどうか、今となってはよくわからない。だけど、自分たちのモチベーションが上がったのは確かだった。

バンドをどう見せたいか、どうすればシドがより飛躍できるか、ある意味ビジネス的な観点で戦略を考えてくるのは決まってマオ君だった。

この頃、東京でライブをやれば常にお客さんでいっぱいだったから、メンバー内では何度となくそろそろ全国ツアーをするべきじゃないかという話が出ていた。でも、マオ君がそこにストップをかけた。

「確かに、今なら地方に行ってもお客さんはいると思うよ。でももうちょっと東京で盛り上がってからのほうがクチコミがより広がるはずだし、今より大きな期待を抱いて待っててもらえるんじゃないかな」

アルバムを作るという話も当然出た。

「今はまだライブに来てもらって、そこで曲を聴いたり、一曲ずつ音源を集めたりしてもらうほうが、みんなの心に残ると思う。地方の人はさらに待ち焦がれてくれるはずだしね」

さらに当時、ヴィジュアル系雑誌からの取材依頼も頻繁に来るようになっていたけれど、マオ君はだいたい断っていた。

「雑誌にはまだ載らないほうが、シドって謎の存在みたいで興味をそそられるでしょ？」

この自己プロデュース能力は、さすがに他のメンバーにはないものだ。

だから僕らは外部の誰の言葉よりもマオ君を信じていたし、実際にどんな大人よりもマオ君の言葉のほうが説得力があった。

近づいてくる人は、実はけっこういた。

四人一緒に相手にするとボロが出ると思ったのか、メンバーをひとりずつ口説こうとしていた怪しい事務所の人もいた。

明希は案外素直だから、褒められてその気になって、話をバンドに持ち帰ってきたことがある。

「事務所に入らないかってさ。すごい褒めてくれるし、悪い話じゃないいんじゃないの？」

そこですかさずマオ君。

「いや、本当に悪い話じゃなかったら、明希だけじゃなく全員の前で話すはずだよ」

マオ君はマオ君で、同じ人に何度も口説かれながらずっと断り続けていた。僕も個別でメシに誘われて、話を聞くふりをしてトンチンカンな返しをして、結局、腹一杯食べるだけ食べて帰ってくるということを何度となく繰り返してもいた。

僕らの考えははっきりしていて、大手の音楽プロダクションじゃない限り、話には乗らないことに決めていたのだ。

シドはメジャーデビューしなければいけなかった。

バンドを結成するとき、マオ君が覚悟を決めた通り、これは四人にとって〝最後のバンド〟であるべきだったからだ。

僕らはそのぐらいシドに賭けていた。

とはいえ、ちょっと焦り始めていたのも事実だ。

二〇〇四年の夏には、僕らは四人だけで渋谷クラブクアトロでのワンマンを成功させていた。キャパ八百人の大きなライブハウスだ。これでもまだ、メジャーは僕らに注目してくれないのか？

その直後だった。

「デンジャークルーがシドを観に来たいって言ってるらしいよ」

人づてにそう聞いて、思わず鳥肌が立った。デンジャークルー（現マーヴェリック）は、ヴィジュアル系ロックバンドが在籍する事務所としては最大手、何よりあのL'Arc-en-Cielが所属するプロダクションだった。僕らが待っていたのは、まさにこの事務所からのオファーだった。

「いつも通りやろう。そうじゃないと意味がない」

デンジャークルーが観に来ることになったライブは、渋谷のライブハウスでのイベントだった。これで人生が決まるかもしれないと思うと気が気じゃなかったけれど、だからこそ平常心で臨もうと四人で話し合った。

本番中、メンバーがどの程度客席を意識していたのか僕にはわからない。ただ僕は、その人影に気づいていた。盛り上がるファンの後ろ、暗がりで微動だにせず立っている明らかに異質な影がふたつ。

（ああ、あれだな。あの人たちだな）

僕は少し構えていた。これまでいろんな大人を見てきて、ちょっと人間不信というか、シドに近づいてくる大人にはほとんど自動的に不信感を抱くようになっていたので、事務所のネームバリューに惑わされないようにしようと思った。

でも、終演後の楽屋にやってきたデンジャークルーの人もまた、僕らの人気に惑わされていなかった。すぐに本契約はできないという話をされた。このとき、少しがっかりしたのを覚えている。

「まずは育成契約という形でやらせてもらいたいと思っています」

それはいわゆる仮契約みたいなものだという。

「まずはアルバムを作って、それを一万枚売り切ってください。それから、半年以内にSHIBUYA-AXをソールドアウトにしてください。両方できたら本契約しましょう」

（なんだその交換条件は⁉）

僕らは面喰らった。メジャーに行くのってそんなに難しいことなんだろうか。オファーがあって、ハンコを押したら、すぐデビューできるんじゃないのか。現実は想像していた以上に厳しかった。

「でも、ここでハンコを押さないっていう選択肢はないよね」

マオ君のその意見に、全員が賛同した。少なくとも僕らは評価されているし、突きつけられた交換条件をクリアすれば、欲しいものが確実に手に入るのだ。

「そこは信じても大丈夫でしょ。だってL'Arc-en-Cielがいる事務所だよ？」

L'Arc-en-Cielの存在は本当に大きかった。これだけのメジャーどころが所属している事務所が、僕らみたいな新人バンドを騙すはずがない。

「じゃあ、やろう！」

僕らは育成契約の契約書にサインをして、ハンコを押した。

もちろんその内容をちゃんと読んで理解した上でのことだ。

まず、給料は出ない。それはそうだろう。しかし、僕のドラムスティックやギターの弦など、消耗品にかかるお金は全部事務所で持ってくれるとのことだった。レコーディングやリハーサルのスタジオ代もだ。そこはありがたい。

バイトは辞めなければいけなかった。事務所付きになるのだから仕方がないこととはいえ、生活は必然的に苦しくなった。後にいよいよ食べるのに事欠くようになると、事務所からお金を借りた。これがなんとすんなり貸してくれたのだ。

そして極めつきはこれだ。

「バンドはだいたい借金があるもんだけど、そのまんまにしとくのはダメだからね」

事務所の人がそう言って、仮契約と同時に借金を全部立て替えてくれた。地方にライブに行ったりするようになって、活動資金に充てた借金が少なからずあったのだ。

借金返済のためにあくせくバイトするんだったら、それを肩代わりしてやるから音楽活動に集中しろ。その分早く事務所に返せるように努力しろ。音楽でデカくなって恩返ししろ。つまり、そう言われているんだと僕は思った。

「とにかく悪いこと、良くないもの、そういうものと少しでも繋がっていないかよく考えてください。そして、全部手を切ってください」

まるで僕らが公人にでもなるみたいだ。

それがなんだかすごくありがたかった。

デンジャークルーは、シドをちゃんと売れるミュージシャンに育てることを前提に話をしてくれている。いつかそうなるバンドだと信じて、相応に扱ってくれている。

僕らにとって、こんなに嬉しいことはなかった。


でも、やはりというか、仕方なかったというか、育成契約の半年間は一筋縄ではいかなかった。

なにしろ波乱に次ぐ波乱。一触即発の場面も時にはあって、今思うとけっこうハードな日々だった。

まずはファースト・アルバム『憐哀-レンアイ-』（2004）のレコーディング。すでにライブでおなじみの楽曲を集めて作るとはいえ、制作期間が一週間しかないと聞かされて僕らはビビった。

しかもはじめて経験する本格的なレコーディングでスタジオの勝手がわからないし、プロデューサーとしてSakuraさんが参加するとなったら、今度は緊張のあまり本来の実力を発揮できない。

今なら、相手が偉大な先輩だからこそその胸を借りるつもりで、自分のやりたいことを自分の言葉で伝えられるけれど、そのときの僕らは何もできなかった。Sakuraさんやディレクターに言われたことをなぞって、やっぱり違うなと思っても、何がどう違うのかを正確に言葉にして伝えることができなかった。僕らには圧倒的に知識が足りなかった。ある意味、このレコーディングはそんなもどかしさとの戦いでもあった。

しかも時間がないから、ほとんどが一発勝負。

帰りの電車の中で、翌日にレコーディングする曲のフレーズを考えるような毎日だった。

「ちょっと待ってください」

レコーディング中、何度もそう言いたかったけれど言えなかった。作業を止めたらそれまで。今日できないのならその曲はＣＤに入れられない、そのぐらい切羽詰まっていたからだ。

マオ君もはじめてヴォーカル・ディレクションを受け、納得いかないことも多かったんだろう、ずっと怒りまくっていた。それが態度にも出ていた。

「俺はこのままのほうがいいと思うんで、スタイルを変える気はないです」

その瞬間、スタジオに緊張が走る。

でも、マオ君はディレクターに怒られない。怒られるのは、なぜかいつも僕だ。怒られるというか、ほとんど八つ当たり。メンバーの中で僕がいちばん中立的で、メンバーとスタッフの間を取り持つように、

「いや、あの人言い方キツいけど、悪気はないんだよ」

なんてスタッフのフォローまでしているのに、なぜか僕が最初に怒られる。

「ゆうやがもっと全体を見るべきなんじゃないのか！」

（そんなこと急に言われてもなぁ……）

まぁ、マオ君は精神的に尖っていたし、信念はけっして曲げないタイプだということを相手も見抜いていたんだろう。事実、マオ君には確固たるプライドがあった。

スタジオワークが終わって、スタッフが機材を運んでいるときのことだ。ほとんど喋ったことのないコワモテの人が言った。

「メンバーも黙って見てないで運べよ」

Shinjiと僕は一瞬ビビって立ち上がりそうになった。が、マオ君は顔色ひとつ変えずにさらっとこう返した。

「いや、僕は歌手ですから」

「うっせーよ、働けよ」

「僕ら、事務所と契約して、商品になったはずなんですけど」

見ているこっちがヒヤヒヤするほど、バッチバチに火花を散らすやり取りだった。そのスタッフにしてみれば、新人がクソ生意気に何言ってんだよと思ったはずだけれど、あのときマオ君は、シドをアーティストとして扱ってくれる事務所に応えただけだった。みずからを低く見せることは、事務所の期待を裏切ることでもあったからだ。

それにしても過酷なレコーディングだった。みんなほとんど寝ていなかった。それでも終わりが見えてきたとき、突然眩しい光が降り注いだ。

「お疲れさまー」

そこに笑顔で立っていたのは、なんとL'Arc-en-Cielのkenさんだった。新しく事務所に入った後輩の顔を見がてら、レコーディングを手伝いに来てくれたのだ。

「作業は順調ですか？　僕にできることがあるなら手伝うよ」

夢のような言葉だった。「バーチャル晩餐会」でシェイカーを振ってくれたのはkenさんだ。

みんな少し笑顔になった。元気が出た。なぜかって、僕らが契約した事務所が確かにデンジャークルーであることが証明されたからだ。

実は僕は、もしかしたら騙されたんじゃないかと疑いを持っていた。大手事務所のレコーディングが、こんなに過酷なはずはないと思ったからだ。

「俺も、デンジャークルーとは別の、子会社か何かに入れられたんじゃないかと思ってた」

マオ君もそう言って笑った。

でもkenさんが現れたことで、ひとまず事務所を信じていいということはわかった。今まで第三者を一切介入させてこなかったシドが、事務所に入って急にあれこれ言われるようになって、僕らはちょっと戸惑っていたんだと思う。

そうして『憐哀-レンアイ-』は無事に完成した。しかし、考えてみればスタッフと揉《も》めている場合ではなくて、これを一万枚売り切らなければいけないのだ。そうしないと、事務所と本契約できない。つまり、シドの未来はない。

ここでまた不安が頭をもたげた。

そういえば僕らは事務所と契約して以来、ファンと直接話をする機会が格段に減っていた。事務所から禁止されたわけではない。レコーディングのためにライブをあまり入れられなかったこともあるし、ライブ終了後にも予定が入って物販などに時間を割けなくなっ

たからだ。ファンに直接、

「アルバム買ってね」

そう伝えられないのはとても痛い。

「まず予約を取って、売れ残った分はやっぱり手売りかな」

「アルバム発売後にライブの予定たくさん入れないと」

みんなで何度もそんな話をしていた。

だから驚いた。アルバムが予約で完売してしまったことに。

僕らはもう飛び上がらんばかりに喜んだし、約束された未来へ向けて大きく一歩前進したことを実感した。

よくよく考えてみたら、その要因は明らかだった。僕らの戦略が実を結んだのだ。ずっとためてきた音源を出さないとか、地方に行かないとか、雑誌に載らないとか、自分たちを出しすぎないことで、シドはファンの渇望感を煽ったのだと思う。それは大きな賭けでもあったけれど、最後には最高の結果をもたらした。シドを待ち焦がれていたみんなが、ファースト・アルバムを次々に予約してくれた。

僕らは本契約までの条件のひとつを、しっかりとクリアした。

本当のことを言えば、自分たちで一万枚を売り切れという条件を突きつけてきた事務所も、いざとなればプロモーションをしてくれるのだと思っていた。僕らに発破をかけるつもりであえて突き放したんだろう、と。でも、デンジャークルーは嘘はつかなかった。アルバムを売ることに関して、スタッフは完全にノータッチだった。

「見事に何もしてくれなかったね」

「ほんとホント。逆にビックリしたよ」

スタジオの帰りにいつもの居酒屋に寄っては安酒をあおり、四人で愚痴を言い合ったことも数え切れない。とにかく事務所は僕らに厳しかった。バンドとしてもメンバー個々も怒られてばかりだった。音楽的な面ではもちろんのこと、仕事全般の細部に至るまで、ことんチェックされた。

腹が立ったのは、プライドが傷つけられたからだ。僕らには、自分たちの力でシドを大きくしてきたという自負があった。それを足元から崩さんばかりの事務所からのダメ出しを、当時の僕らは素直に受け入れることができなかった。

ただ、今はむしろ感謝している。僕らは本当に素人で、何も知らなかった。たとえば、雑誌の取材を受けることには理由がある。それは新譜やライブの告知、それにともなう自分たちの想いをファンに伝えるための仕事だ。でも、それがわかっていなかった僕らは、インタビューや撮影されることがただただ嬉しくて、ずっと浮かれっぱなし。そうなると、すかさず一喝される。

「お前らの発言一つひとつが、どれだけシドの未来に影響があると思ってるんだ？」

そんな風に怒られ続けて、少しずつではあるけど、確実にメンバーみんなの意識は変わった。根本から叩き直してもらったと思うところも多々ある。事務所は僕らみたいな若い奴らをたくさん育ててきて、その経験を惜しみなくシドに注いでくれたのだ。育成契約とはよく言ったもので、この期間の事務所は僕らにとって養成所というか、バンドが成長する上で必要なアカデミーだった。

ほんの半年ほどだったけれど、この育成期間は、僕らを〝ちゃんと〟シドにしてもらった、かけがえのない時間だったと思っている。

第二章

焦燥

(Shinji)

要領ばかり追って　努力を見失って
楽の意味を履き違えて　楽しんでるつもりかい?
敵ばかり現れて　迷路に迷い込んだって
その向こうに　同じ数の　味方が待っている
強い強い雨の日には　ずぶ濡れになって涙もいいさ
晴れたら　取り戻そう

──「smile」

いつものように、午前六時を過ぎた下りの電車に僕は揺られていた。車内は人もまばらで、ほとんどの人が目を閉じている。その中の四分の一ぐらいは酔い潰れた人たちだ。見るからに商売で飲んできた人と、その商売の客として飲みすぎた人。あとは僕みたいな若い奴がちらほら。深夜のバイト帰りなのか、飲み会帰りなのかわからないけれど、いずれにしろ大した夜を過ごしてはいないだろう。これから郊外へ仕事に出ると見えるスーツ姿のサラリーマンにしても、爽やかな朝の空気をまとっているとは言い難かった。

もちろん僕だって人のことは言えない。ロングシートの真ん中に腰掛けて豪快に足を投げ出してみても、残念ながら誰ひとり気にも留めないちっぽけな存在でしかない。それどころか、抱えた安物のギターケースが〝売れないミュージシャン〟感をいやがうえにも醸《かも》し出している。

時々、上りの電車とすれ違った。時間的には通勤ラッシュの少し前のはずなのに、どの車両もすでにすし詰め状態。人混みに押し潰されそうな若いサラリーマンと窓越しにちらりと目が合うと、僕の中にはちょっとした優越感が湧き上がった。

（満員電車に揺られる人生なんてまっぴらだ）

自分は世間の大多数の人間とは違うんだと思うことで、僕はいつも心を奮い立たせていた。だけど、他人を貶《おとし》めることで得られる優越感なんて無意味だということも、本当は痛いほどに知っていた。

(俺、そろそろマジでヤバいかもな)

疲労感と眠気の中でさえ、焦燥感はしつこく僕を追いかけてきた。

その頃やっていたトリオのバンドの活動は、どこからどう見ても低迷していた。

なけなしのバイト代をつぎ込んで、メンバーそれぞれが限度額いっぱいに借金をして、それでも足りない分は親に頼み込んで工面してもらい、やっとの思いで自主制作CDを出したけれど、思い描いたような結果は得られなかった。一度も再生されることのないまま、部屋の片隅に高く積み上げられた売れ残りのCDが視界に入るたびに、なんとも言えない気分になった。一時期は百人を超えていたライブのお客さんも、僕らがそれに気をよくしてカッコつけて、ファンと距離を取り始めた途端に誰もいなくなった。

そのせいで家にもいづらくなっていた。

その当時、僕はまだ埼玉の実家暮らし。とっくに二十歳を過ぎていたのに家計を一銭も負担することなく、毎日好き勝手やっていた。家のことはもちろんやらないし、法事などにもまったく顔を出さないものだから、いったいシンジは何をやっているのかと、親戚一同から疎まれていたに違いない。

ろくでなし、ただメシ食らい、ゴク潰し、駄目ンズ……何と言われても、はいすみません、とうなだれるしかない。

昼近くに起き出しては冷蔵庫をあさってメシを食い、部屋にこもってギターを弾く。夕方を過ぎてからアルバイトに行き、そのままスタジオに入ったり、音楽仲間と飲みに行ったりして、帰宅するのは決まって翌朝だった。

それにキレたのは、常日頃から長渕剛さんを師と仰ぐ、七歳上の兄貴だった。


ガラッ！　バーン！

（うわ、何⁉）

風呂場の扉がけたたましい音を立てて開き、思わず振り返ると、そこには鬼のような形相の兄貴が仁王立ちしていた。

「てめぇ！」

「え？　ちょ、ちょっと、何だよ？」

僕はたじろいだ。なにしろこっちは素っ裸だ。

「いい加減にしろ！」

兄貴は裸の僕の胸ぐらを掴まんばかりの勢いで、湯気がもうもうと立ち込める風呂場に足を踏み入れてきた。靴下を履いているのに、だ。僕はそれがどうしても気になった。

「あのさ……足、濡れるよ」

その瞬間、兄貴の顔が真っ赤になった。子供の頃から僕にはそういうところがある。肝心なところから視点がズレるというか、どうでもいいことがやたらと気になってしまう。おまけに感情の起伏が表に出ないタイプで、場合によっては問題をのらりくらりとかわしているように見えて人を苛立たせてしまうらしい。特に怒っている人には、誤解されやすい。

「うるせぇんだよ、このやろう！」

兄貴はもう、頭頂部からマグマを噴き出していた。怒りに震える右手が伸びてきて僕の肩をむんずと掴む。

「てめぇ、なに鼻歌なんか歌ってんだよ！　ふざけんな！」

「はぁ？」

「毎日フラフラしやがって。家に一銭も入れてねぇくせに呑気に歌なんか歌ってんじゃねぇ！」

ガン！　ガシャン！　ドン！

あっけに取られる僕を残して、兄貴はご丁寧に扉を閉めて去っていった。

（びっくりしたなぁ……）

僕はただ普通に風呂に入っていただけだ。体を洗いながら、ほとんど無意識にフフフンとハミングしていただけだ。それなのに、兄貴にここまで怒られるなんて。

その頃すでに社会人として働き、家計を支えていた兄貴にしてみれば、僕の存在は日の上のたんこぶみたいなものだった。ぐうたらでとことんダメな弟なのに、腹が減ったと言えば母親はいそいそと食事の用意をし、父親は折に触れて将来を心配する。そんな様子を日々目にして、兄貴の苛立ちはきっと限界に達していたに違いない。

鼻歌を歌っただけで怒鳴り込んでくるほどになるとは、やっぱり少し申し訳ない気持ちになった。

（兄貴がイライラするのはもっともなんだよなぁ）

湯船に浸かり、左肩に赤く残った爪痕を眺めながら、僕は今一度、自分の将来について思いを馳せてみた。

バンドマンとして成功すること、ギタリストとして認められること、そのために今すべきことはいったい何だ？　どうしたら、このどん底から抜け出せる？

突き詰めて考えるほどに、頭の中のイメージはぼんやりと霞んだ。風呂場の湯気で視界がぼやけているみたいに。

「ったく、音楽なんかでメシが食えるわけねーだろ！」

その頃、兄貴によく言われたセリフだ。たまに家で顔を合わせてもほとんど口を利かないのに、文句だけは聞こえよがしに言われた。もちろん、僕に返す言葉はなかった。

「うっせーよ」

そう小さく口に出して、僕は頭まで湯船に潜った。

◉

音楽でメシを食おうと思ったのはいつだっただろう。

シドに加入して雑誌のインタビューを受けるようになってから、何度となく向けられた質問だ。僕の答えは「中学時代」だったり「高校時代」だったり「シドの前のバンドのとき」だったり、あるいは「シドに入ってから」だったりした。要するに、そう思ったことがあったかどうか、実はそれが定かじゃない。

そもそも音楽でメシが食えるか否かについて、早い段階で真剣に考えるまともな人間なら手遅れにならないうちにさっさと諦めただろう。そうすれば、苦しいばかりの惨《みじ》めな下積み時代なんて、きっと誰も経験しなくて済む。

僕なんかはたぶん、

「そうだなぁ、大学行って就職して、趣味だけどギターがバカウマなおじさんになろうかなぁ」

ぐらいに思っていたかもしれない。

でも悲しいかな、ギター少年はちょっと褒められただけでもうプロになれる気がするものだ。自室でも練習スタジオでも、ギターを肩から下げた瞬間に、頭の中では、大勢の聴衆を前にスポットライトを浴びるロックスターになることができる。

音楽を仕事にするということを現実的、論理的に考えることができたなら、人は最初からミュージシャンになろうなんて思わないだろうから、非現実的で非論理的な勢いに任せて音楽人生を走り出して、その結果、今ここにいられるのはラッキーと言うべきかもしれない。

「バンドやろうぜ！」

ご多分にもれず、僕も誰かのそんな一言から音楽を始めた。

あるとき教室のスピーカーから流れてきた音楽に、中学生の僕は雷に打たれたような衝撃を受けた。給食の時間に、いつも有線のヒットチャート番組が流れていたのだ。その音を耳にした瞬間、パンにマーガリンを塗る手が思わず止まった。

（なんだこれ⁉）

音が洪水みたいに耳の中に押し寄せてきた。その音はまたたく間に体じゅうを駆け巡り、心臓をガシッと摑んで、ゆさゆさと揺さぶった。寒くもないのに鳥肌が立った。なんだかよくわからないけれど、僕は固まったまままちょっと泣きそうだった。

「これ誰？　何て曲なの？」

僕だけじゃなくて、周りの友達もざわついていた。

「俺知ってるよ、知ってるけど、何だっけ？」

「俺もこないだテレビで見た！　名前何だったかな？」

まるで役に立たないそんな僕ら男子を見て、隣の席の女子がさらりと教えてくれた。

「B'zの『ZERO』だよ。今すごい売れてるんだけど、知らないの？」

僕らはたぶんちょっとバカにされていたんだろう。中学生ぐらいだと特に、精神年齢の男女差は大きい。でもバカ男子はそんなことにはお構いなしだ。

「ああ、そうだった！　思い出した！」

みんな口々にそう言ったけれど、思い出したも何もない。僕らはほとんどはじめてB'zを知ったのだ。それなのに、誰もがすっかりバンドをやるつもりになっていた。なんなら自分もB'zになれそうな気さえしていた。バンドはおろか楽器すら弾いたことがないくせに、あっという間にその気になった。

「じゃあ、誰がどの楽器にするか決めないと」

「ジャンケンで決めようぜ」

僕はドラムがやりたかった。なんとなくカッコいいなと思ったから。B'zのメンバーにはドラマーがいないことなんて知らなかったし、実際ドラムを叩いている人をよく見たこともなかったけれど、イメージでドラムがいいなと思った。

でも、僕はジャンケンに負け続けた。ドラムも取られた。結局、最後に残った二人で、ギターとキーボードを分け合うことになった。

（どっちも難しそうだな）

そして、僕はまた負けた。

「シンジはギターな」

「え、俺、ギターいやだ。弦がたくさんあるんでしょ？　無理だよ」

そう、弦が六本あって難しそうだから、ギターはみんなに敬遠された。大人になってからいろんな人に聞いたら、そういう場合はギターが最初に決まることが多いという。僕と僕の友達が、どれだけ音楽に疎かったのかがわかる。一番人気は楽器の練習をしなくていいヴォーカルで、もちろんそのポジションは最初にジャンケンに勝った奴がゲットした。

でもあのとき、早いうちにジャンケンに勝っていたら、僕の人生はどんなものになっていただろう……？

幸か不幸かギタリストの座を手に入れたものの、実際に練習を始めたのはずいぶんあとになってからだ。なにしろ中学生のこと、まず楽器を手に入れるのが大変だった。それぞれが楽器を持ち寄ってバンドらしい形態になったときには、メンバーの顔ぶれも当初の予定とはずいぶん違っていた。

僕が最初に手に入れたギターは、楽器店の新春初売り大セールで買った特価品。貯めていたお年玉を全部引き出して、五万円という大金をつぎ込んだ。

嬉々《きき》として持ち帰り、ストラップをつけて肩に掛け、僕はこっそり両親の寝室に入り込んで母親のドレッサーの鏡の前に立った。

(くうぅ、カッコいい〜)

鏡に映った僕は、いっぱしのギタリストに見えた。

でも、実はそのギターはとんでもないシロモノだった。

おまけでついてきたギター教則本を見ながら、いざ弾こうとしてみるけれどまったくうまくいかない。アームに手が引っかかる感じがするし、弦を押さえることもままならず、当然まともな音も出ない。

これはあとから違うギターを買って気づいたことだけれど、アーム部分が反り返っていて、弦高も高くて弾けたもんじゃない！　という完全なる不良品。ただ、初めてギターを持った僕にはそれが不良品であることなんかわからなかったし、わかったところで直すこともできなかったわけだから、今思うのは、その弾きにくさに挫けて、自分にギターは向かないからと全部投げ出さずに済んでよかったなということだ。

僕は、あっという間にギターに夢中になった。

練習にならない粗悪なギターを手に、とことん真剣に取り組んだ。学校から急いで帰ってくると、ずっと部屋にこもりっきりで、ＣＤプレイヤーのスイッチを入れて音楽を流し、ギターを抱えて弦を押さえ、時間を忘れて弾き続けた。

下手の横好きから、好きこそ物の上手なれ、だ。しばらくして、新しいまともなギターを手に入れた頃には、僕の音楽人生はすっかり始まっていた。

プロのギタリストになるぞとか、ギターでメシを食っていくぞとか、どこかのタイミングでそう強く思ったのだろうか。思い返してみるけれど、そんな記憶はやっぱりない。でも僕は、とにもかくにもずっとギターを弾いていたいと思った。

ずっと思い続けて、それなりに演奏技術が身について、だけど気づけば成人を迎えても親のスネをかじったままの放蕩息子になっていたのだ。

あるとき、いつものように部屋でアンプを通してギターを鳴らしていると、親父が部屋に入ってきて言った。

「二十五歳までだ。それまでに芽が出なかったら、ちゃんと就職して働きなさい」

二十歳を過ぎても、ギターを抱えたままフラフラしている僕を見かねたのだろう。

「いいか、本気でやりたいなら、ちゃんと結果として数字を出せよ」

そう言ってくれたのは、親父のやさしさだったんだと思う。

側《はた》から見れば浮世離れしたろくでなしのギター弾きだったろうが、僕なりに真摯に音楽と向き合う日々ではあった。だけど必死にやっていたバンドは空回りを繰り返して解散寸前。「音楽でメシを食う」なんて、いったいどの口が言えたのだろう。あとほんの数年で結果を数字で出すなんて、ほとんど絵空事のように感じた。

いよいよ切羽詰まってきたとき、ある人がライブを終えた僕らの楽屋にやってきた。汗で重くなった衣装を脱ぎ、なんとなく精彩を欠いたステージを思い返して鬱々とした気分でいたら、楽屋の入り口のほうから妙な殺気が漂ってきたのだ。

（あれ何？……あの人すっげぇ見てる。めっちゃ俺のこと睨んでるんだけど）

鋭い目つきのヴォーカリストに僕はロックオンされて、彼が新たに始めるというバンドにサポートとして加入することになった。

本音を言えば僕も、ゆうやと同様に化粧をすることに大きな抵抗があった。なんで今さらヴィジュアル系？　とも思った。だけどマオ君は、どこか確信めいた情熱をその目に湛《たた》えていた。

この四人ならいけるかもしれない。噂が噂を呼び、勝手にお客さんが増えていく様を目の当たりにして、僕はお先真っ暗に思えた人生にはじめて未来を見た気がした。

二〇〇三年、こうして僕の音楽人生は大きく舵を切ることになる――。

◉

シドが事務所と本契約を交わしたのは、二〇〇五年春のことだ。

本契約するにあたっての条件だったファースト・アルバム『憐哀-レンアイ-』を一万枚売り切ること、そしてSHIBUYA-AX（実際は同等のキャパシティだった品川プリンスステラボール）をファンで埋め尽くすことをクリアした僕ら四人は、胸を張って契約書にサインをした。給料がもらえるようになって生活の不安もなくなったし、これからのバンド活動には何の障害もないと思えた。

それに、事務所に対しては、シドはすでにかなりのインパクトを与えているという自負もあった。

二〇〇四年十二月二十五日。〈DANGER CRUE Presents「天嘉-参-」〉と題されたそのイベントは、事務所を挙げての一大ライブ企画だった。育成契約中の僕らのようなバンドから、L'Arc-en-Cielのような押しも押されもせぬ一流のバンドまで、デンジャークルーに所属するアーティストが総出演する、紛うかたなきロックフェスだ。

会場は日本武道館。シドの憧れの舞台だった。イベントとはいえ、武道館のステージにこんなに早く立てるとは、正直、メンバーは誰も思っていなかった。

「ま、先輩たちのおこぼれだけどね」

マオ君はそう言った。

確かに、ワンマンとまではいかなくても、もっと自分たちでお客さんを呼べる状況を作ってから、シドのファンがたくさん観に来ている武道館で演奏したかったなという気持ちはあった。でも、武道館は武道館だ。僕らはありがたくそのステージに立たせてもらうことにした。

「でも、出るからには、他のバンドのお客さんをしっかりいただいて帰ろう」

そう話し合った。

武道館なんてそもそもよくわからない世界だ。客席をパッと見ただけじゃ誰が誰のファンなのかなんてわかりもしないし、とにかくシドを観てもらうためにに何をするべきか、どんなセットリストで臨むべきか、僕らは何日も前からそんな話を繰り返していた。

実際に立った武道館は、やっぱりよくわからなかった。照明が強くて、お客さんがどのぐらいいるのかも見えなかった。しかも、武道館なのにリハーサルなしのぶっつけ本番だ。昼間からやっているイベントで出演者も多いため、特に僕らのような新人バンドのためのリハーサル時間などは用意されていなかったのだ。これはもう、覚悟を決めるしかない。

そして僕らは、勝負に出た。

シドに与えられた時間はほんの三曲分。その三曲を、バンド演奏なしにマオ君が独りで歌うアカペラと、ミディアムナンバーと、バラードでいくと決めた。

ゆうやはもちろんだが、マオ君と明希と僕、フロントの三人も決められた立ち位置を一歩も動かなかった。僕らはただじっとそこに立って、楽曲それぞれの世界観を存分に紡ぎ出した。ステージの床には立ち位置の目印として適当な箇所にテープが貼られていた。端っこがめくれ上がって薄汚れたそのガムテープのことを、僕はなぜだかよく覚えている。

多くの若いバンドが、限られた時間ですべてを出し切ろうとして、持ち曲の中で最も攻めた三曲を選ぶ。そのほとんどは、武道館のステージ左右に延びる花道を駆け抜けながらアプローチできる速い曲や、オーディエンスを盛り上げることに長《た》けた曲だ。だからこそシドは、それと対極をなす三曲を選んだ。それが僕らの攻め方で、僕らしいアピールの仕方だった。

「だってさ、みんなラルクを観に来た客だよ。俺らのことなんかまったく知らないファンばかりの花道を煽ったって、誰もキャーキャー言ってくれないって。逆に白けちゃうよ」

マオ君いわく、アッパーな曲を選べば、バンドに人気がないことをみずから証明するようなものだ、と。

「一曲目にアカペラを持ってくるのは勇気のいることだけど、何をおいても目立つことは間違いないからさ」

そう、人と違うことをやって誰よりも目立つのは、もはやシドの信条だ。嫌われても煙たがられても、これまで続けてきたことを武道館でも変わらずにやってやろうと僕らは思った。

結果として、それは大成功だった。

僕らがステージに出ていくと、数人のファンが僕らの名前を呼ぶ声が聞こえた。しかし、それがはっきり聞こえたということは、僕らが姿を現しても大した歓声はあがらなかったということだ。そして、マオ君がアカペラで歌い出した瞬間に、会場はさらに静まり返ることになる。

「いったい何をやっているんだ、このバンドは……」

そんな空気感が、客席はもちろんのこと、ステージ袖にたくさん集まっていた事務所のスタッフからも感じられた。でも、このでっかい武道館をこんなに静かにさせることができるのは、錚々《そうそう》たる面子《メンツ》が顔を揃えたこのイベントにおいてもシドだけだ。

「シド、気合い入ってるね」

ステージを降りてから、いろんな人に同じことを言われた。評判は上々だった。僕も本当なら、ステージですごく気持ちよくなっていたはずだ。誰も真似できないことを自分たちでやってのけたのだから、いつものライブなら気持ちよさのあまりニヤついてしまっていたかもしれない。でも、この日はまったく気持ちがよくなかった。死ぬほど緊張していたからだ。後日改めて映像で観て、

「ああ、俺は武道館のステージでギター弾いたんだな……」

静かな感慨が、そうしてあとからやってきた。

事務所サイドはそれをさほど喜んでくれるでもなく、終始ビジネスライクとも言えるぐ

らいのつれなさだったけれど、本契約を交わしたということは少なくともシドを認めてはくれたんだろう。

実際、この頃の僕らに不安要素はなかった。

インディーズシーンではそれなりに知られた存在になっていたし、ファンは全国規模で増え続けていた。自分たちでも上昇気流に乗っている実感があった。まさかメジャーデビューまでこのあと三年もかかるとは思いもしなかったけれど、少なくともこの時点でそれはわからないわけで、とにかくバンドは絶好調。

「明日の取材、事務所だよね？」

「帰りにちょっと事務所寄ってくわ」

「事務所に聞いてみないとわかんないな」

「それ、事務所は何て言ってんの？」

メンバー間はもちろんのこと、友達や、ライブハウスの音楽仲間を相手に、僕らは必要以上に会話の中に〝事務所〟というワードを盛り込んだ。マオ君のスケジュール帳を覗いたら、それこそ〝事務所〟のオンパレード。打ち合わせも取材も待ち合わせも、場所は全部事務所なんだから、わざわざ書かなくてもよさそうなものなのに、字画の多い漢字を彼はいちいち書き込んでいた。

事務所に所属しているアーティストになれたということが、なんだかんだ言って嬉しかったのだ。しかも所属先は大手のデンジャークルー。インディーズで地道にやってきた僕らにしてみると、それは他のどんなことよりも〝プロミュージシャンっぽい〟ことだった。

事務所のバックアップがつくことで、音楽をやる環境も劇的に変わった。プロユースのスタジオを使えるようになったし、それぞれの楽器のプロフェッショナルがバンドに関わるようになって、メンバー個々に楽器への造詣がずいぶん深くなっていった。

僕にも、いわゆる〝ボーヤ〟（テクニシャン／ローディー）がついた。ギターのメンテナンスをしてくれたり、ライブでギターの持ち替えをサポートしてくれたりする楽器担当のスタッフだ。僕はそれがもう嬉しくて仕方がなくて、大して必要もないのに、ライブ中に何度もギターを持ち替えた。自分が求める音を出すためのギターやエフェクターのセレクトまで、とことん相談に乗ってくれる相手がいることもありがたかった。バンドは四人で構成して四人で責任を持つものだけど、ギターに関しては僕の裁量がすべてだ。選んだ音やスタイルを後押ししてくれるスタッフの存在は大きかった。

でも、今だから言えることだけど、シドの順調な活動とは裏腹に、僕らを取り巻く雰囲気はずっとピリピリしていた。メンバー四人でいるときはそうでなくても、曲作りのことやライブの演出のことなどにスタッフが介入してくると、みんなどこか構えてしまうようになった。これまで自分たちだけで考えて、信じて行動したことで結果を出してきた僕らは、第三者の意見をそう易々と受け入れることができなかったのだ。

単純に、過密スケジュールがつらかったせいもある。

「ったく、鬼だな……」

スタジオを出ていくマネージャーの背中に、ゆうやがそう言い放った。もちろん小さな声で、だ。僕らに課せられたのは、まさしく鬼のようなスケジュールだった。

限られた時間でのレコーディング、そのためのアレンジ作業に音決めにリハーサル。二ヶ月間ほとんど休みがなかった時期もあった。昼夜逆転どころか、そのうち一周して早寝早起きの日もあったほどだ。寝て起きても今日が何日で何曜日かがわからなくて、いつしか考えることすらやめてしまった。

「Shinji、顔になんかできてるよ」

メンバーに口々にそう言われて鏡を見ると、僕の頬には吹き出物ができていた。それはまたたく間に大きくなって、赤く膿《う》んで、顔の筋肉を動かすたびにズキズキと痛んだ。痛みを最小限に抑えたいがために、僕の表情はどれもぎこちないものになった。

（やべぇ、毒素がたまりすぎて表に出てきたんだ……）

その吹き出物は今も、うっすらとではあるけれど僕の頬に傷痕を残している。ちょうど四枚目のシングル「御手紙」（2006）を制作していた頃だったので、僕はこれを人知れず〝御手紙傷〟と呼んでいる。

マオ君に至っては、ある日ついにこんなことを言い出した。

「俺、なんか鬱っぽいんだよね」

それは冗談めいた口調だったし、鬱っぽいという話をすればメンバーみんな鬱っぽい時期だったので、その話はなんとなく笑って流された。忙しさで目が回りそうだったのは、彼に限ったことじゃなかったからだ。でも、あとになって、それがけっこう深刻だったのだと聞いた。マネージャーには、病院に行きたいとひそかに相談していたらしい。

「でも、やめろって言われたんだよ。精神的に落ち込むたびに病院に行ってたら、癖になっちゃうからって。すぐに医者を頼るようになるからって」

原因は忙しさだけじゃなかった。

表向き、シドは飛ぶ鳥を落とす勢いで音楽シーンに殴り込みをかけていると思われていた。実際、そうだったとは思う。全国ツアーをやればどこもソールドアウト、地方でも熱狂的に受け入れられ、まだメジャーデビューもしていないのに東京国際フォーラムのホールAや、大阪厚生年金会館のステージに僕らは当たり前のように立っていた。

だからこそ、だ。

その人気に応えられるバンドでなければならないと強く思うようになった。でも、そう思えば思うほど、人気の高まりと世間の期待が自分たちのキャパシティを超えていることを感じずにはいられなかった。シドが僕らと切り離され、まるでひとり歩きを始めてしまったようにも思えて、焦りばかりが募った。

今なら、ファンのみんながシドを愛し育ててくれたから、こんなにバンドが大きくなったんだと素直に思える。だけど当時は、僕ら自身がシドの現実に追いつけなかった。しかもシドという存在はその後も巨大化し続けたから、マオ君の憂いの日々は、なんとその後十年近くも続いた。長い思春期といえば多少聞こえがいいけれど、本人は相当つらかったと思う。

「マオ君、今日も暗いねー」

茶化すようにそう言えば、

「まぁ、きっと明日も暗いだろうね」

と、茶化すように返してくる。

マオ君のその状態がシドの音楽活動に影響したかといえば、答えはイエスであり、ノーでもある。ステージに立てばいつでも百パーセントの力を出し切るし、それゆえにバンドもどんどん成熟した。だから誰の目にもシドは成功しているように見えただろうし、結果を出し続けているバンドに暗い影を見出すことは、おそらく難しい。

ただ、歌詞には多少なりともその時々の心情が表れていた。あとから本人に聞いたことだけれど、「smile」(2007)はファンのみんなはもちろん、自分自身も笑顔になりたくて書いたのだという。

そう、「smile」だ。僕が書いたこの曲が、実はシドの最初のターニングポイントになったんじゃないかと、僕個人は考えている。

「smile」をリリースした十日後、シドは両国国技館でライブをやった。アルバム『play』（2006）を掲げたツアーの追加公演だ。これがもう、蓋を開けてビックリ。

（お客さん、少なっ⁉）

客席がライトで照らされたその瞬間、たぶん四人とも同じことを考えたと思う。ホールツアーを始めて以来、僕らは会場に空席があるのを見たことがなかった。チケットが売り切れていないということは、数日前にスタッフから聞かされていたけれど、実際に見てわかる形で現実を突きつけられるとやっぱりショックだった。どこまでも上昇していこうと息巻いていたところで、急に天井が見えてしまった感覚だった。

「ま、大丈夫っしょ。本公演観たからもういいやって人もいるんじゃない？　四月だからみんな忙しいんだろうしさ」

ゆうやがそう言って、みんなが頷く。

「両国国技館でロックのライブっていうのがさ、馴染みがないからじゃない？　だって普段は相撲やるところだよ」

明希がそう言って、みんなが笑う。

でも、僕らは知っていた。シドのファンの多くは、何が何でもライブに来てくれる。同じツアー中に何本もライブを観てくれるし、会場のイメージで来ることを躊躇したりもしない。

実は、このライブの二ヶ月前、本公演のファイナルをやった渋谷公会堂（当時は渋谷C.C.Lemonホール）で僕らもなんとなく気づいてはいた。お客さんは少しずつだけど、でも確実に減っていた。その現実を一気にドーンと突きつけられたのが、両国国技館だったのだ。

具体的な数字で言えば、前年の日本武道館ワンマンのときから、お客さんが二千人も減った。会場の大きさにそもそも差があるとはいえ、これは由々しき事態だ。と、真っ先に問題視したのは言うまでもなく事務所だった。

僕らはその翌日、事務所の会議室で社長と向き合っていた。

当時、多いときで月に数回、〝社長会議〟と題してメンバーと社長が話をする機会があった。とりとめのない馬鹿話から音楽のこと、宣伝戦略やシビアな数字の話まで、とにかく腹を割って話す場を社長みずから設けてくれていたのだ。

でも、この日は最初から空気が重かった。当時のマネージャーも一緒にいたけれど、社長の前ではさすがに小さくなって下を向いていたし、僕らにしても話の内容は見当がついていたので居心地が悪かった。

社長とやり取りをしたのは、主にマオ君だ。

「まだ化粧はしていたほうがいいいんじゃないか」

「いや、でも今回のアルバムのイメージと合わないんです」

「アルバムよりも、シドのイメージってものがあるだろう。まだ化粧取るのは早いんじゃないか」

「いや、取りたいです」

「取るなよ」

「取ります」

シドはアルバム『play』を機に、それまでのヴィジュアル系然としたヘアメイクから脱却しようと試みていた。新しく生み出した音楽に、バンドの全体的なイメージも変化させながら寄り添うべきだと思ったからだ。アルバムは音楽的にも多彩なベクトルを持っていたし、その世界観に合わせて今までよりスタイリッシュな見せ方をしたかった。お客さんが二千人減ったのはまぎれもない事実だけど、それが仮に見た目が変わったせいだとしても、シドに一般的な意味においてのヴィジュアル系の王道を求めていた人たちが離れていっただけだと思った。

僕らにとっては、自由であることこそがヴィジュアル系だった。先輩がたを見ても、急に変化するバンドはたくさんあって、それにドキドキしたし、僕らもドキドキしたかったし、ファンにドキドキしてほしかった。だから、自分たちの選択が間違っているとは思わなかった。

「お客さん、減ったなぁ」

社長に改めてそう言われた。

「はい減りました」

マオ君はへこたれない。

「でも、これからまた増えるんで」

社長は、その根拠のない確固たる自信に、何を思っただろうか。心配して言ってくれるアドバイスに対し、頑固に耳を貸そうともしない僕らの態度に怒っていたか、呆れていたか……。もしかしたら、「こいつら、もうダメだろうな」くらいに考えていたかもしれない。


僕らはシドの音楽に常に自信を持っていた。だから、再びお客さんが増えるという確信もあった。それに長くバンドを続けていれば、ファンのライフステージも少しずつ変化していくから、いつかお客さんが入れ替わるタイミングもあるだろうと思っていた。さすがに二千人減ったことはバンドの歴史においては汚点かもしれないけれど、世間にはそう思われたくなくて、あくまで想定内だと言わんばかりに僕らは平然としていた。

ただ、僕はちょっと責任を感じていた。

ダークなイメージの楽曲が多かった中で、底ぬけに明るい「smile」を書いてしまったがために、シドが急にポップになったと受け止められたこともまた事実なのだ。

（もしかして俺、やらかしちゃったのかなぁ……）

でも、今日に至るまで、このポップな曲を否定した人はメンバーはもちろんスタッフの中にもいないし、これがあったから今があるとさえみんな口々に言う。早いタイミングでコアなファンがどれだけいるかわかったことも、シドの未来を推し量る上での好材料になった。

「smile」はいい曲だ。今では僕も、確かにそう思っている。

「あ、そうだ、社長に言わなきゃいけなかったんだ。〝ね、俺が言った通り、お客さん、また増えたでしょ?〟って。言うのすっかり忘れてたよ」

マオ君が突如それを思い出したのは、二〇一八年の暮れのことだった。十一年間も言うのを忘れていたのか、そうか……。

◉

『play』の制作から恒例になったのが、今も続く〝選曲会〟だ。

シドには明希と僕、そして途中からゆうやも書き始めたので、都合三人のコンポーザーがいる。それぞれが自宅で作曲してデモテープを作り、それを一気に会議室のテーブルの上に載せて、メンバー四人と主要スタッフで一曲ずつ聴いていく。要するに、バンド内コンペを行うのだ。

これは、いいやり方だと思っている。僕らは四人とも音楽的な嗜好《しこう》がバラバラなので、テーマを決めてから曲作りをしようにも意見がまとまらない。だからみんなで飲みに行っても、移動の車の中でも、口を開けば馬鹿話ばかり。音楽について真面目に議論するなんてことは、僕が思い出せる限り一度もなかった。バンド自体が〝シドはこうだ〟というガチガチの方向性を持って活動してきたわけでもないから、正解がないものを求めて議論することはそもそも意味をなさないのだ。

ただ、この選曲会は、マオ君以外の三人にとっては胃がいくつあっても足りないくらいのストレスを覚える悩みの種となる。

マネージャーとスケジュールの確認をしていて、

「来週の火曜日から八日間、曲作り期間ってことになったので、よろしくお願いします」

なんて言われると、途端に胃がキリキリと痛み出す。

(Hell だ！　Hell が俺を待っている！)

いや、冗談じゃなく、本当にそう思う。まるで学生時代の試験の朝みたいな腹痛を覚えながら事務所に行って、自分の曲を選曲会のテーブルに載せ、選ばれれば天国、選ばれなければ地獄。当然自信のある曲しか出さないから、採用されないのは本当につらいし、傷つくし、落ち込む。

これしかない、絶対いけると思って提出した音源が話題にも上らなかったりすると、正直、叫び出したくなることもある。そうなるともう、記憶が飛ぶまで酒をあおろうが、バッティングセンターでクタクタになるまでボールを打ち続けようが、気分が晴れることはない。

（俺の実力がまだ足りないってことなのかな……）

最初の頃は、これがプロの世界なんだろうと割り切るしかなかった。もちろん、今も完全に割り切れているかといえばけっしてそうではないけれど、耐性ができたというか、選ばれなかったときのショックにはずいぶん慣れた。それでも選曲会に参加するのは、みずから目の細かいふるいにかけられに行くようなものだ。気持ちのいいものじゃない。

具体的な段取りはこうだ。

デモテープは参加者に事前に渡してあるので、その場ではワンコーラスずつ聴いて、まずは作曲者が軽くプレゼンをする。どういう意図で作ったのか、アレンジのアイデアや作品化する上でのビジョンをみんなに伝えるのだ。言うまでもなく、自分の曲を聴かれているときはとんでもなく居心地が悪いし、プレゼンはただただ緊張する。そして、その上で、当たり前だけどみんなの意見を聞かなければならない。

だいたい最初に口火を切るのはマオ君だ。

「俺めっちゃこれ好き。これ歌いたい」

その時々で言葉はいろいろだけど、彼の場合は感覚的にコレだと思ったものをとことん推す。まるで他の曲なんか聴かなかったかのような心酔ぶりを見せることもある。そこらへんは、シドのための選曲会だから一切の容赦がない。最初の頃は正直、マオ君ってなんて残酷な人なんだろうと思っていた。でも、僕らはいつからか気づいていた。気に入った曲をとことん推す一方で、マオ君は自分が選ばなかった曲をけなすことも一切ない。どの曲も時間をかけて、思いを込めて作られていることがわかっているからだ。

「この曲のここがちょっと、なんて話をしても意味ないよ。だって、いい曲を選ぶための会議なんだからさ」

いつだったかそう言っていた。実に潔くてわかりやすい。

一方、スタッフの意見は一筋縄ではいかないことも多々ある。ただし、マオ君が推した曲はその時点で彼の中ではすでに〝俺の曲〟になっているらしく、スタッフから何らかの物言いがつけば、今度はマオ君のプレゼンが始まるのだ。

「この構成は今までにないし、Ｂメロの展開次第でサビをもっとドラマチックにできる。今のシドを表現するには、このぐらい冒険したほうがいいと思うよ」

こういうとき、語彙《ごい》が多くて説得力があるマオ君を、僕は羨ましく思う。自分の中にどれほど情熱があっても、それを周囲に伝える術がなければ、楽曲の作品化は実現しない。

ステージに立てば僕にはギターがあるけれど、選曲会で弾くわけにもいかないから、やっぱり言葉は大切だ。そんなわけで、基本的に歌い手が歌いたいと思う曲が、シドの中では強い。

選曲会は、時にものすごく長時間にわたる。メジャーデビューしてからはレーベルのスタッフも加わって、特にタイアップが決まっているシングルの選曲は時間がかかることが多くなった。通常は五、六曲から選ぶところを、倍の数のデモテープを用意する場合もある。どれも決め手に欠けるとなったら、延長引き分け再試合で、次回へ持ち越しになることも。そうなると追加で曲を作る必要も出てくるし、ストックの中にジャストな曲があるかもしれないから、楽曲のファイルを掘り起こす作業も必須だ。いずれにしろ、曲作り期間が始まってから、選曲会議を経てレコーディングに入るまで、作曲陣三人は心身をすり減らしてぐったりしてしまう。

自分の曲が採用されてもされなくても、制作に入るまでがまた大変なのだ。曲が決まると、作曲者がイニシアチブを取って、アレンジの方向性を決めていく。それにともなって、各楽器に対してもある程度の監修をしなくてはならない。その上で、曲に対してそれぞれが思う〝シドらしさ〟を突き合わせ、そのときいちばんシドに似合う形を模索していくのだ。

そうしたプロセスは結成当初から変わらない。事務所に入る前はスタジオでアイデアを突き合わせたら、あとはライブで演奏してお客さんの反応を見ながら最終的な形に仕上げていった。

その過程でメンバー同士がぶつかり合うことはなかった。それぞれが言っていることに間違いはないからだ。観点が違えば意見が変わってくるのは当然で、だから全部が正解。すれ違ったとしても、歩み寄れば解決する。

もちろん変な空気になることもあるけれど、一度それを味わうと気分もよくないので、みんなが暗黙の了解でそこをなるべく避けるように作業することが多かった。

シドが大事だったからだ。

マオ君が覚悟の上でメンバーを集めたのを僕ら三人もわかっていたし、事実、みんながシドを〝最後のバンド〟だと決めていた。そのうち人気が出てライブハウスが盛り上がるようになると、ファンの想いを裏切るようなことは絶対にしてはいけないという共通認識も出てきた。

「ちょっとストップ！　内輪モメしてる場合じゃないよ」

不穏な空気になっても、誰かがそう言えばその場は収まる。シドはずっとそうやってバンドを守り続けてきた。

僕もシドに入ってから、自分で言うのもおかしいけれど、かなり成長したと思う。

シドに加入する前にやっていたバンドでは、僕がリーダーで唯一のコンポーザー。自分は音楽的中枢だからと張り切って、メンバーにあれこれ指示をしていた。

曲を作るときは、全パートの譜面を書く。フレーズも最初から最後まで全部僕が考えて、

「この通りに弾いて」

そう言うのがお決まりだった。

ベーシストがちょっとでも自己流のアレンジを加えようものなら、即座にブチ切れていた。

「いやいやいや、変えちゃダメだって。譜面通りにやってよ」

相手の顔も見ずにそう言い放ったこともある。今思うと、かなりの独裁者だった。ちょっと反省。

が、シドになった今、黙っていたってそれぞれ我の強さが滲《にじ》み出ているメンバーに同じ態度を取ったら、僕はどうなるか。そんなこと、たとえベロベロに酔っ払っていたとしても容易にわかる。

当時はとんでもなく過激な風貌だった明希を敵に回したり、超人的な運動神経を持つゆうやと真っ向勝負したりするなんて、どう考えても賢明じゃない。想像するだけで身の毛がよだつ。

だからシドの楽曲制作では、自分の曲が選ばれたときにも余白を残すことを心がけている。もちろん自分の曲だから、ベースにしろドラムにしろ理想の形はあるわけで、譲れな

いところだけは事前にきちんと話しておく。あとは個々の自由だ。それで楽曲の世界観が広がることも多々あるし、もしどうしても気になるところがあれば、その都度話し合いをすればいい。

ただ、最初から作業のすべてがスムーズだったわけではない。事務所に入った頃は、喧嘩に近い言い合いもなくはなかった。

選曲会が始まった当初は、今よりずっとメンバーと競っている感が強かったのだ。当時はまだゆうやが作曲を始めていなかったので、必然的に明希 vs. Shinji という構図になっていた。どちらの曲が選ばれるかをめぐって、水面下では常に火花バチバチ。幸か不幸か、僕はあまり感情が表に出るタイプではないので、周囲には明希のギラギラした感じがより目立って見えていたと思う。

「このフレーズ、面白くないよね」

僕の曲が選ばれると、明希はあからさまな態度で不快感を示した。

「じゃあ、ちょっと考えてみてよ」

そう言っても、

「構成もしっくりこないんだよ」

そんな風に返されるばかり。これでは埒《らち》があかない。

「でもさ、今回はこの曲に決まったんだよ。もういい加減にしてくれよ」

些細《ささい》な小競り合いが無意味であることを互いにわかっているせいか、僕らは顔を見合わせることもなくいつも静かに言い合った。

こんな状態が続いたから、自分の曲が採用されても当時はさほど嬉しくはなかった。だけど、選ばれなかったら悔しいし、つまらない。僕だっておそらく、逆に明希の曲が選ばれたときには、そうとう不快でつまらなそうな顔をしていたんだろう。今思えば、なんだかすごく歯がゆい日々だった。

もしかしたら、ゆうやが作曲を始めたのは、明希vs.Shinjiの一対一の戦いをすこしでも緩和させようという意図もあったんじゃないか。

でも、そんな諍《いさか》いもいつかなくなった。時間と共に人間的に成長したというのもあるだろうし、そもそも僕らは自分自身が目立つために曲を書いているわけではなくて、シドがより高みを目指すための曲を書くという、まったく同じ使命を背負っていたからだ。その大きな目標を前にして、自己主張が大事だなんて思うほど、明希も僕もバカじゃない。

僕たちにとってシドは、人生で最も大切な、人生最後のバンドなのだ。

そのことは、メジャーデビューしてから、より強く感じるようになった。選曲会における戦いの構図が、明希vs.僕じゃなく、シドvs.大人――そういえば、僕らは自分たちがすっかり大人と呼ばれる年齢になったのに、事務所やレーベルのスタッフをいまだに〝大人〟と呼んでしまう――になったからだ。関わる人間が増えれば増えるほど、多数決で答えが出されることが多くなる。そこで選ばれた曲が本当にシドのために最良なのかどうか、僕らはいつも真剣に考えた。

もちろん、今でも自分の曲が選ばれないと本気で悔しいし、失望する。選曲会が終わったあとは重い足取りでまっすぐ家に帰って、だいたいはため息をつきながら酒を飲む。結局のところ、自信作を提出し続けている限り、この失望感に慣れることは絶対にないのだ。とはいえ逆に考えれば、それはポジティブなことだし、建設的なことでもある。

「じゃあ、また新しい曲でも書くか」

必然的にそう考えることになるからだ。

ただ、僕はそこでギラギラと闘志を燃やすと空回りしてしまうタイプ。自分が作りたいと思う曲を自由に作ることが、精神衛生上もいちばんいいと思っている。それが次に選ばれなかったとしても、それはそれで割り切るしかない。狙いすまして、みんなが選びそうな曲を作れるほど器用じゃないし、選ばれるための曲作りは、美学とか信念とかいう大げさなものではないけれど、僕の好きなやり方ではないのだ。

その点、僕の作曲人生の中で最高の立ち位置にあるのが、シングルになった「いつか」(2011)。これはまったく何も狙わず、誰の顔色もうかがわず、着地点さえ決めずに好き勝手に作った楽曲だ。表向きは平常心を保っていたけれど、選曲会で満場一致でシングル化が決まったときは、僕は飛び上がらんばかりに嬉しかった。〝やりたいこと〟が〝できること〟になり、それが仕事として成立したのだ。こんなに幸せなことはない。

でも、だからこそ「いつか」は、同時に僕の鬼門にもなった。

そこから今日に至るまで、僕は長い長いスランプの中にいる。いわゆる成功体験というのだろうけど、これが忘れられなくて、今度はそこに囚われてしまう。「いつか」みたいなやり方でもっといい曲が作れないかな、という風に。とはいえ、バンドが歩み続けている以上は、常に新しいことをやらなければいけないこともわかっていて、その兼ね合いを考えるほどに僕の苦悩は深くなる。

現に、それ以降、僕の曲が採用される割合は格段に減っている。もちろん一生懸命作っている。でも採用されなければゼロだ。プロの世界でやっているんだから、そこは厳しくて当然。にしても、時々苦しいなぁと思う。因果な商売だ。

それでも安心材料はちゃんとあって、シドには才能あるコンポーザーがあと二人いる。明希はあんなに派手な見た目だけど、曲作りに関してはベーシストというよりプロデューサーのように多角的な視点で、驚くほど精細な仕事をしてくる。文字通り心血を注いで、命を削るような作曲姿勢は見習うべきところがあると思う。

ゆうやに至っては言わずもがなだ。曲作りを始めた頃はデモテープもかわいらしい感じだったのが、今や完全にコンペの相手としては脅威的な存在だ。まったく曲なんて作ったことのない人間が、あっという間に頼れるコンポーザーになるんだから、もはやこれは才能と言うしかない。ドラムも叩き始めた頃からやたらうまかったみたいだし。能力を生まれ持っているなんて、なんとも羨ましいことだ。

◉

僕も才能のある人間になりたかった。でも、生まれたときにない才能は、大人になってもない。どこかのタイミングで開花する才能は、もともとあったものだ。

だから僕がなりたい自分になるためには、一にも二にも努力が必要だった。

それを具体的に考え始めたのは、遅ればせながら三十歳を過ぎた頃だった。

なんだかんだで十代半ばでギターを弾けるようになって、いつしか周囲から褒められることも増えて、やがてバンドが転がってメジャーデビューして、でかいステージにばんばん立って、メーカーでオリジナルモデルのギターも作ってもらった。僕は、どこへ行っても〝ギタリスト〟の肩書きで語られるようになった。

でも、ギタリストShinjiの存在がひとり歩きしてしまっているようで、僕はどんどん不安になった。

（俺、本当は何にも知らないんだよ）

シドが事務所と契約して、プロデューサーやディレクター、エンジニア、各楽器のテクニシャン（ローディー）等々、音楽制作におけるプロフェッショナルたちが僕らの脇をがっちり固めてくれた。そのなかで活動していくにつれ、僕は自分の無知を嫌でも知ることになった。

なにしろ、ずっと独学でやってきた。ギターを誰かに教わったことはなく、その時々で好きなアーティストの演奏を見よう見まねでコピーして、我流でモノにしていった。知識がないことは自覚していたけれど、音楽は感覚がすべてで、頭で考えつくことなんてつまらないに決まっているとも思っていた。ただ、それはもしかすると、自分をなぐさめるための言い訳に過ぎなかったのかもしれない。僕は本当は、音楽の専門学校に行きたかった。家庭の事情でそれが叶わなかったから、感覚でギターを極めようというほうにベクトルを向けたのだ。壁は、あっという間に僕の目の前に立ちはだかった。

プロの現場に入ってまず困ったのは、スタジオで交わされる音楽用語がまったくわからないことだった。それはつまり、作業の進行を妨げることに繋がった。

「あの、それってどういう意味ですか？」

最初の頃は素直に聞き返していた。でも、相手が驚いた顔をして、

「え、わかんないの？……どう説明したらいいかな」

毎回そう返されると、こっちは途端に恥ずかしくなる。しかも何度も質問を繰り返していると、次第に〝やれやれ〟といった態度を取られるようにもなった。実際、うんざりさ

せていたんだろうから仕方がないけれど。

（ロックは感覚なんだよ！　理屈とか理論とか言い出したら面白くないじゃん）

そう言い返したかった。でも、知識を持ってからじゃないとその主張に説得力がないことは、未熟な僕でもさすがにわかっていた。

だからそのうち、わからない言葉が出てきても人に聞かなくなった。こういうことかな？　と、だいたいのあたりをつけて、知ったかぶりでお茶を濁すこともしばしば。そのあとでインターネットで必死に調べて、やっと知った言葉もたくさんある。

ただ、ネット検索で探せることにも限界があった。テクニカルな場面でのちょっとしたニュアンスを表現できず、現場でスタッフに伝え切れないもどかしさ。出したい音が頭の中では明確に鳴っているのに、それを手元で表現できないのは、ギタリストとしてとても苦しいことだ。もしもそれを言葉にして、あるいはギターを鳴らすことで伝えられれば、周囲から何らかのアドバイスがもらえる可能性もあるのに。

（でも、いったいどうすれば？）

このままでは、僕は〝ちゃんと〟ギタリストになれないまま年を取ってしまう。ごまかしながらやっていても、いつかきっとボロが出る。

これといった解決策が見出せないまま、僕は夜ごとYouTubeで、プロアマ問わずギタリストの映像を次から次へと再生していた。特に目的があったわけではないけれど、自分のギタリストとしての立ち位置を確認したかったのかもしれない。そして願わくば、「僕は大丈夫だ」と思いたかった。

まぁ、結果は撃沈だ。アマチュアでも、うまい人がたくさんいる。いや、なんならプロ以上の人が、世の中には山ほどいる。

（俺、ヘタクソって言われたくないなぁ）

観れば観るほど落ち込んだ。曲がりなりにも人生の半分をギターを弾いて生きてきたから、テクニックのある人の音の凄みは嫌でもわかる。

いつものようにそんな苦い劣等感を嚙み締める夜を過ごしていたときのこと。

「うわぁ、このオッサン、めっちゃうまいなぁ」

思わず深夜に声がこぼれた。パソコンの画面で、穏やかな顔つきの男性が華麗にギターを爪弾いている。単純にうまいし、鳴らされる音が僕の好みだった。がぜん興味が湧いて、そのギターがうまい〝オッサン〟のプロフィールを見ると、ホームページのURLが記載されていた。

（あれ、この人、ギター教室やってる！）

僕に迷いはなかった。翌日、URLをクリックした先のホームページから、さっそく受講を申し込んだ。週に一回のプライベートレッスンだ。備考欄には、

「それなりに演奏歴がありますが、改めて基礎を学び直したいです」

そんな風に書き込んだ。恥ずかしいので、プロのギタリストであることは隠した。

この時点では、メンバーにもスタッフにも内緒だった。

「言ってくれれば教えたのに」

スタッフにはそう言われることが目に見えていたし、実際に頼めばちゃんと教えてくれたとは思うけれど、それが恥ずかしいから外部に習いに行くんだということを伝えるのもなかなか面倒だ。

メンバーには、しばらくしてから話した。みんな、そう大仰に反応するでもなく、すんなり受け入れてくれた。シドはそういうところは個人主義だ。個々の向上には、個人が切磋琢磨するしかないことを全員がわかっているから、努力していることに関しては互いに何も言わない。

かくして僕は、アラサーのプロのギタリストにして、ギター教室の生徒になった。それは二〇一〇年のまだ寒い時期で、半年後にはさいたまスーパーアリーナ、そして十ヶ月後には東京ドームでの公演が控えていた。そんなでかいステージに立つことが確約されていながらギター教室に通い始めたギタリストは、日本広しといえど僕だけかもしれない。

僕が選んだのは、ジャズとスパニッシュギターのコース。テクニカルなことを学ぶには絶好のジャンルで、なおかつ先生には、

「僕は本当に基礎ができていないんです」

そう素直に伝えて、一から鍛え直してもらった。

指導は厳しいわけではないけれど、先生のテクニックがあまりに超絶なため、僕は必死についていった。しかも、ただ曲をなぞるだけではなく、練習方法や、それにともなう基礎知識もふんだんに教えてもらえたし、ホワイトボードに書いて説明もしてもらえたので、僕はまるでギターを始めたばかりの中学生のようにぐんぐん吸収した。

(うわぁ、俺、こんなことも知らずにやっていたのか)

知らないことを覚えていく過程では、当然、己の不甲斐なさと向き合う場面が多々ある。でも、それでプライドが傷ついたりはしなかった。僕に知識がないことを前提に先生が丁寧に教えてくれるので、覚えることが楽しくて仕方がなく、週に一度のレッスンを待ち遠しく思っていたほどだ。僕は自分がシドのギタリストであることをしばし忘れて、ギター少年に戻っていた。

「前々から思っていたんだけどね、本当はどこかで弾いている人なんじゃないの?」

通い始めて数ヶ月が経ったとき、先生が僕にそう問いかけた。

さすがに嘘をつくのは気が引けたし、そうする理由もなかったので、僕は正直に身分を明かした。

「実は僕、一応プロなんです。シドというバンドでギターを弾いていて、自分で言うのもナンですけど、けっこう人気があるんです」

「ああ、道理でね。ずいぶんうまいなと思っていたんだよ」

「黙っていてすみません。でも本当に基礎的なことを学びたかったんです」

「向上心があって、いいことじゃないか」

不思議なもので、プロであることを隠していたことに罪悪感があったわけでもないのに、打ち明けてからはなんだか気がラクになった。先生が僕の学びたい気持ちを理解してくれたことに安心したからなのか、よりリラックスしてレッスンを受けられるようになった。

時々、隣の教室からたどたどしい演奏が聞こえてきた。そのギターが奏でているのは、よく知っている曲だった。

（おっ！　シドの曲じゃん！）

そういうとき、僕は一瞬現実に戻る。

（僕が隣の教室にいることを知ったら、きっとビックリするだろうな）

その奏者とは結局顔を合わせることがなかったけれど、いろいろ想像して勝手に微笑《ほほえ》ましく思っていた。何歳だろうか。高校生かな。男の子だろうな。シドのライブに来たことはあるのかな。もしかして好きな女の子がシドのファンだからギターの練習しているんだったりして。

（東京ドームでギターを上手に弾くために、ここでレッスンを受けてるんだよ）

そんな風に声をかけることを想像したら、自分でもつい笑ってしまった。日本でいちばん大きな屋内会場でライブをやるバンドのギタリストが、街のギター教室でレッスンを受けているなんて、いったい誰が想像できるだろう。

でも、誰よりも驚いたのは僕自身だったかもしれない。

二〇一〇年七月、さいたまスーパーアリーナ公演のアンコール。紗幕《しやまく》に映し出された東京ドーム公演決定の告知を、僕らはステージ上で、つまり反転した文字を裏側から見ていた。このあいだまでギターを習っていた男が東京ドームのステージに立つという事実を、僕は純粋な感動と、ほんの少しのおかしみと共に噛み締めた。

ふと視線を右に向ければ、明希もまたその文字をじっと見つめていた。僕らはバンドとして、そしてそれぞれがひとりのミュージシャンとして、大きな会場でライブをやることを目標に掲げてきた。まずはロックの聖地である日本武道館。それから全国のホールツアーもやりたいし、アリーナツアーもやりたいし、スタジアムでもやりたい、そしてその先に当然のように東京ドームがあった。

その年の終わり、僕らはついに憧れの舞台に立った。

僕以外の三人は、あの日のことをあまり覚えていないという。ライブをやっているときには痛いほどに実感があったはずだけど、終わってみれば夢の中にいたかのようなふわふわした感覚だったらしい。

終演後、観に来ていた後輩たちに感想を求められたマオ君は、

「とりあえず、ドームでは大きく手を振ったほうがいいね」

と言って、周りをキョトンとさせていたし、ゆうやはテンションが上がりすぎたのか、

「ドームはゴールじゃなくて通過点だから」

なんて、どっかの誰かのセリフみたいなことを大声で言って、関係者の失笑を買っていた。

「真っ暗な夜の海に向かって演奏しているような感じだったよね」

明希のこのロマンチスト全開な発言を、僕は全面的に支持したい。

事実、東京ドームのステージから見た景色は、真っ暗だった。ステージに向けられる照明がきつすぎることと、客席が広すぎることがその原因だ。客席にレーザーが飛んでも、届かない場所にまでお客さんがいた。途方もなく大きな会場でライブをやっているのだということを、いやがうえにも感じさせられた。

とは言うものの、僕がそう感じたのはライブも終わりかけの頃。

アンコールの一曲目で、僕は弾き語りをすることになっていた。それはその頃、大きな会場のライブで定番化しかけていた企画で、僕は本当は嫌だったけど、お客さんにもスタッフにもなぜか異常に受けていた。そもそもが面白い人間じゃないから、笑いを取らなければならないというだけでも大きなプレッシャーなのに、そのうえ東京ドームという夢の舞台でズッコケたら大惨事！　なんて思ったら顔面蒼白だ。

だからせっかくの夢の舞台が、ほとんど記憶に残らないほど僕は緊張していた。

ただ、弾き語りはうまくいったし、そのあとの数曲だけでも大いなる解放感と共に楽しめたので、まぁよしとするか。

「なぁ、シンジ、またやってくれよ」

社長はいまだにそう言うけれど、僕は断固として首を縦に振らない。もし大コケしたら、

「今日、面白くなかったね」

そう簡単に言い放つに違いないからだ。

でも、言うまでもないことだけど、この頃の僕のギターは以前に比べてずいぶん向上したと思う。同じ音を出すのでも、理論がわかって出すのとそうじゃないのとでは、何より安定感が違う。自分に対してテクニカルな要求ができるようになると当然気持ちがいいから、感覚的にもどんどん乗ってくる。確実にいい音を出せるという余裕が、より音楽を楽しませてくれるような感じだ。ギターを習いに行ってよかったと、今でも本当にそう思っている。

「だからさ、落ち着いてやれたのは、やっぱり習ったおかげだなと思った。無理して月謝払ってよかったよ」

僕がそう言うと、ゆうやはフンと鼻で笑って、こう返してきた。

「え、月謝、無理してたって？」

「だって高かったんだよ」

そう、月謝だ。ものを習うには対価を支払う。僕はそういえば自分で習い事なんかしたことがなかったので、このときはじめて月謝というものを用意した。レッスンの内容にもよるんだろうけれど、正直、高いなと思った。週一回一時間で、月に三万円ほどだった。いい年をした大人の僕はまだしも、若い人たちはいったいどうしていたんだろう。

「もしインディーズ時代にギターを習いたいと思っていたとしても、俺、月謝払えなくて無理だったわ」

ギターを習うのが遅すぎたと思ったけれど、今こそそのときだったんだ、という主旨で話題を振ったつもりだった。

すると思いがけず、ゆうやは怪訝そうな顔をして言った。

「Shinjiさ、どの口が月謝が高いとか言ってんの?」

「え? なんで?」

「ギター教室に行くときは、せめてもっと地味な車で行けよ」

そう笑われて、はたと気づいた。

不覚だった。シドのメンバーだとバレないまでも、僕は一般の生徒とはちょっと違うと思われていたに違いない。先生だって、だから本当はプロなんじゃないかと訝しく思っていたのだろう。

僕は、ちょっと珍しいくらいド派手なオープンカーでギター教室に通っていたのだ。アホだ！

そもそも僕は、金銭感覚が他の人とはどうも違うらしい……なんて言えば、ちょっと破天荒な感じでカッコよさそうだけど、単に銭勘定が不得意なくせに浪費家。簡単に言うと、どうしようもなくダメな奴。

ただ、懐具合をちまちまと気にするような男でありたくないと、どこかで思っているフシもある。お金があるときは豪快に使い、ないときも豪快に使う。身の程をわきまえない車を九十回ローンで買い、払えそうもない家賃の部屋に住み、無理することが美徳かのような生活を十代の頃からしていた。

しかも僕の場合、

「値段なんて関係ねぇぜ！」

みたいなロックな感じでは全然なく、

「ま、使った分、稼げばいいんじゃない？」

と、稼ぐあてもないのに能天気に考えているのだった。残念ながらロックスター然とした見た目でもないし、洋服もブランド物はむしろ避けたいほうなので、世間一般から見れば、シドの中でも僕はいちばん地味なはずだけど、金遣いに関しては案外僕がいちばんぶ

っ飛んでいる。もちろん、今はともかくとして、インディーズ時代に窮地に陥ったことは数え切れないほどあるけれど、

「まぁ、何ごとも経験だよね」

そう言って、周りに怒られたことも同じくらい数え切れない。

そういえば、あのときも僕はすっからかんだった。

二〇〇四年、ちょっと古い話になる。事務所と仮契約をして、まだ生活レベルは低いながらもなんとか食えるぐらいにはなっていた頃だ。何に使ってしまったのか今ではすっかり忘れてしまったけれど、とにかくその日、僕にはお金がなかった。

目が霞むほどに腹が減って、冷蔵庫を物色したものの、すぐに食べられそうなものは何もなかった。財布を覗いても、中身は茶色い小銭ばかり。

そのとき、ふとテーブルの上の箱に焦点が合った。

(これ、マヨネーズつけたらいけるんじゃないか?)

僕はその箱からティッシュを一枚引き抜いた。小さく折りたたんだそれに、チューブからマヨネーズを絞り出してみた。が、やっぱり食べ物には見えない。ぽいっと口に放り込んでみた。今まで食べたことはないけれど、それはティッシュの食感以外の何ものでもなかった。マヨネーズの味がなくなると、もそもそと紙を噛む食感しかない。それにティッ

シュは、油分も水分もたっぷり吸い込んでいるのにまったく噛み切れないのだ。あとから聞けば、ティッシュはだいたい水に溶けないようにできているらしい。仕方なく吐き出して、口の中に残ったカスだけ無理やり飲み込んだ。

（俺はティッシュを食って、武道館のステージに立つ！）

なんだかよくわからないけど燃えてきた。そう、この日は僕らがはじめて参加した、デンジャークルーのイベントの前日だった。

日本武道館は、たとえば赤いフェラーリに乗っているようなアーティストが立つステージだと思っていたけれど、前日にティッシュを食った僕みたいな奴もそこに立ってギターを弾ける。それで何を証明したかったのか、今となっては自分でもよくわからないけど、メンバーに話さなかったことはよく覚えている。ヴィジュアル系ロックバンドの総本山に挑むかのごとき大事なライブの日に、

「昨日、腹が減って死にそうなのに、食べ物も金もなくてティッシュ食ってさぁ」

なんて言えるわけがない。いくらなんでも間抜けすぎる。

後に笑い話としてみんなに話したら、笑うどころか真顔で僕を心配そうに見た。

「え、マジで？　ヤバくない、それ？」と、明希。

「でもあれでしょ、金がなかったからとかじゃなくて、好奇心でしょ？　ね？　そうだよね？」

マオ君はまるで僕を擁護するかのようにそう言った。まぁ、好奇心がなかったわけじゃないけれど、僕の財布の中にお金は確実になかった。

「だからってお前、ティッシュ食うなよ⁉」

そうだ、ゆうやの言う通りだ。

念のため書き記しておくと、もちろん今はそんなことはしない。僕も大人になって、少しずつ将来のことを考えるようになったし、もう十五年以上も音楽で生活ができていることを改めてありがたいと思うからだ。

コンビニで値段を見ずに好きなものをカゴに入れて、レジに持っていけたときの嬉しさや、興味のあるCDを全部買えたときの小さな達成感を、僕は今でも覚えている。それは金額にすればせいぜい数千円や数万円のことで、大人の買い物としてはそうたいそうなことでもないけれど、貧しいバンドマンだった僕には自分の成長を実感できる機会のひとつでもあったのだ。

それを忘れずに、身の丈に合った生活をしようと今、本当に改めて思う。

と、心に誓ったそばから、電話が鳴る。

「Shinji、昨日ありがとうね。ごちそうさま」

ゆうやが、わけのわからないことを言っている。

「え、何の話？」

「覚えてないの？　お前が自分で払うって言って聞かなかったんだよ」

昨日は、ゆうやと一緒に後輩たちを誘って、大人数で飲み会をした。

「うそ、俺が払ったの？」

「そうだよ、全部払うって言って。二十万ぐらいだったかな」

「えーっ⁉」

アホ丸出しだ。山よりも高く、海よりも深く反省する。

ただ、これは言い訳でもあり、真実でもあるんだけれど、僕は普段自分を抑えている分、酒を飲むといつになく解放感を覚えて、ついつい気が大きくなってしまうらしい。


もともと僕はものすごい短気で、キツい性格だと思う。以前はいろんな人のいろんな言動にいちいちカチンときてトラブルに発展することも多々あり、ずいぶん痛い目にもあったから、今はちょっとでも腹が立つと、

「どうでもいいや」

そう思うようにして、まずは自分をなだめ、穏やかな自分を装うようになった。

普段はメンバーに対してもあまり感情的にならないようにしていて、だから議論が白熱したときに僕が自然と調整役になることが多い。個性的で我の強い四人でも、集まればそこでは自然に役割分担がなされるのだ。自分で言うのもおこがましいけれど、僕の存在は

バンドにたぶん必要だった。

シドは友達同士で始めたバンドではなくて、音楽で成功するという目的のためにメンバーが集まったバンドだ。アーティストが四人集まって、同じ場所で長く活動することは、口で言うよりずっと難しい。

小さな喧嘩、言い争い、意思の疎通がうまくできない苛立ち、そのまま放っておけば致命的にすらなり得るトラブルの因《もと》は、バンドの日常の至るところに転がっていた。話し合いですぐに解決できることもあれば、何日も何週間も尾を引く問題もあった。

複数の意見を一つにまとめるためには、誰かが意見を引っ込めるしかない。引っ込めた人は大なり小なりのストレスを抱えることになるから、それをうまく消化することも必要になる。その一方で、いつも意見を引っ込めたり言わずにいたら、「お前には自分というものがないのか?」とバンド内での存在意義は希薄になっていく。そのバランスを保ちながら四人で活動していくことの難しさを、どう説明したらいいだろう。

今ならもう言ってもいいだろうけれど、ライブ直前の楽屋で、マオ君と明希が今にも殴り合いに発展するんじゃないかと思えるほど互いに言葉をぶつけ合っていたことがある。まさに一触即発の場面に出くわして、さすがの僕も焦った。

「おいおい!　まぁまぁ、まぁ、抑えてよ、ねぇ!」

僕らは人間だし、もちろん完璧じゃないから、不穏な空気はステージにそのまま持ち込

まれた。ただ、フォローするわけじゃないけれど、その日は当然ながら二人ともいつにな
く尖っていて、そんな状態だからゆうやも僕もさすがにご機嫌とはいかなかったわけで、
それがお客さんから見たら案外ソリッドでカッコいいライブになっていたんじゃないかと
思う。

（これ、もう解散しちゃうんじゃないの⁉）

そう思ったことも一度や二度じゃない。

だけど何度も言うように、僕らはシドが最後のバンドだと思って、覚悟の上で活動して
きた。どんなに不本意な出来事があっても、音楽への想いがある以上は簡単に〝やめる〟
とは言い出せなくて、それがまたつらくもあった。

それでも僕らはやめなかった。シドの一員であることを誰ひとり放棄しなかったから、
今がある。

雨降って地固まるとはよく言ったものだ。

僕らは最近、気持ち悪いぐらいに仲がいい。こんなことを恥ずかしげもなくここに書い
ている僕はもっと気持ち悪いけれど。

今では両親もすこしは安心してくれているようだ。メジャーデビューを報告したときは
「あっそう」なんて薄い反応だったけれど、武道館でのライブを境に、僕が出した結果を
認めてくれている。

ちなみに、あんなに僕を毛嫌いしていた兄貴も、今では音楽でメシを食えるようになった弟を自慢に思ってくれているらしい。昔は僕が「長渕がさぁ……」なんて話すと、

「呼び捨てにすんじゃねぇよアホ！　剛さんと呼べ！」

そうキレて殴りかかってきた兄貴が、今はシドのファンであることを公言してくれている。

実家に帰ると喜んで迎え入れてくれるし、テーブルに酒瓶とグラスを置き、僕の話など聞こうともせず、嬉しそうに話し始めるのだ。

「だからさ、長渕はすごいんだよ。シドももう少し長渕みたいにさ……」

そして僕は深夜まで、眠い目をこすりながら、兄貴の話を聞く——。

第三章

夜明け（マオ）

だからどうかお願い
心　両手広げて
この声　最後まで　受けとめて
——「laser」

何度も歩いたよく知る道なのに、この日は気分が違った。いつもなら三秒でうんざりする駅前の人混みも気にならなかったし、いつまでも変わらない信号にイラつくこともなかった。

僕は、これまでの人生でいちばん高い買い物をしに行くところだった。まだクレジットカードを持っていなかったので、革ジャンのポケットに札束を突っ込んで。

シドが事務所と本契約をしてからメジャーデビューする頃にかけて、僕らの生活は段階的に豊かになっていった。といっても、メンバー四人とも何もないところからのスタートだ。まずは人間らしい生活ができる広さの部屋に引っ越して、部屋のサイズに合わせてテレビやソファを買って、音楽プレイヤーをちょっとグレードの高いものに買い換えて、といったところだ。それぞれの趣味に投資するのはそれからだった。

僕には憧れの時計があった。

とても手が届く値段ではなかったけど、ショーケースやパンフレットを眺めては、自分の左手首にそれが巻かれる光景を想像してウットリしていた。

（プロのヴォーカリストとして地に足つけて生活できるようになったら、いつか絶対に

この腕に巻くんだ）

そう心に誓ってから数年近くが経っていた。

そして今日が、いよいよその日なのだ。

僕は朝から店に電話をして、目当ての時計がちゃんとそこにあるか問い合わせていた。

答えは、イエス。ということは、憧れのあいつは数時間後には僕のものになる。大げさでも何でもなく、僕は本当にときめいていた。

「マオ君さ、このあとどうすんの？」

事務所で打ち合わせを終えたあと、ゆうやがそう聞いてきた。

「時計、買いに行こうと思って」

「え、前から欲しいって言ってたやつ？」

「そうだよ」

「へえ、なんかいいな。俺も買っちゃおうかな。一緒に行っていい？」

長年この胸に抱いてきた夢のひとつを叶えようとして緊張までしている僕の気持ちとは裏腹に、今にも鼻歌でも歌い出しそうに陽気なゆうやと連れ立って事務所を出た。大金を持っていたし、いざ時計を前にしたら緊張のあまり挙動不審になってしまうかもしれないから、ゆうやが一緒に来てくれて案外よかったのかもしれない。

「ゆうや、お金おろしたほうがいいよ」

「カード使えるんじゃないの？」

「使えるけど、現金のほうがちょっと安いんだよ」

「ほんと？　じゃあ俺、コンビニ寄ってく」

　これをケチとかセコいと感じるかは見る人次第だ。だけど、僕は今でもそういう感覚を大事にしたいと思っている。ディスカウントの額がほんの少しだったとしても、僕が使うお金は音楽が与えてくれたもので、ひいてはファンのみんなの想いから生じたものだ。無駄に使えばバチが当たる。

　特にその頃はまだお金があることに慣れていなかったから、使うこと自体もかなりのエンターテインメントだった。欲しいものを買える自分が嬉しくて、コンビニだろうが洋服屋だろうが、これは僕が歌って得たお金だと意識した上で支払っていた。

　それが今度は、清水《きよみず》の舞台から飛び降りるぐらいの気合いを入れて時計を買うのだ。想像するだけでピンと背筋が伸びる。

　店に着くと、僕は一目散に目当ての時計が入ったショーケースを目指した。いつもの場所にそれはあって、僕の迎えを待っていた。

　実物を前に舞い上がりつつも、値札という現実を目の当たりにしたら、僕はこの期《ご》に及んでちょっと悩んだ。

（こんな高価なものを俺が持ってもいいんだろうか）

店員が寄ってきて、時計をショーケースから出し、僕の左腕につけてくれた。冷たい金属の感触と、なんとも言えない重量感。それは手首にピタッとくっついて、もう離れない気でいるかのようだった。

「やっぱりカッコいいなぁ」

僕はそれこそ少年のようにキラキラした目で時計を眺めていたはずだ。

が、その刹那、

「じゃあ、俺はこれにしよっかな！」

と、その場に似つかわしくないほどに軽いノリで派手な時計を手にした男、ゆうや。

「それ、けっこう高いだろ。本当にそれでいいの？」

「うん、パッと見、これが豪華そうでいいなって」

それは控えめに言っても、控えめなところがまるでないギラギラした時計だった。

（一本目でそれかよ⁉）

そう思ったけど、ゆうやのゴキゲンに水を差したくなかったから、あえて言わなかった。

「マオ君が銀なら、俺は金にしよ！」

僕はこのとき改めて、ゆうやが大物であることを実感したのだった。

僕はというと、細部に至るまで好みの時計を自分のものにできて、心底嬉しかった。それは、頑張ってきた自分へのご褒美みたいなものだし、何かに到達したことの印のようなものだ。

僕はこれ以降、自分にとって大きな出来事があったときに時計を買ってきた。コレクションと呼べるほどではないけれど、今では自室のガラスケースに何本かの腕時計が並んでいる。一本一本が大事な思い出や、大きな決断と共にある。でも、やっぱりこのとき買った最初の時計が今もいちばん好きだし、なんとなく誇らしく感じる。メジャーデビューの記念だったからだ。

◉

メジャーデビューは、僕の人生において最初に到達すべき目標だった。

あの日の光景を今も鮮明に覚えている。あのとき聞こえた歓声も、熱気に満ちた視界に滲むスポットライトのまぶしさも、すべてをつぶさに思い出すことができる。

国立代々木競技場第一体育館。

二〇〇八年五月のことだ。

最後の一曲を残して、僕ら四人は超満員のお客さんと対峙していた。みんながステージを見ている。僕が何か言い出すのを期待を込めて待っている。客席のあちこちで交わされている、一つひとつは静かな会話が、やがて大きな塊《かたまり》になって会場を埋め尽くせば、まるで空気そのものが華やいだ音を発しているようにすら感じられる。

僕はふと、マイクを握る手が汗ばんでいるのに気づいた。明らかに緊張していた。ステージでこんなに緊張するなんて、今まではなかったと思う。

僕は小さく、だけど慎重に、一呼吸置いた。

「シドは……メジャーデビューします！」

その短いセンテンスの最後は、大歓声にかき消された。マイクを通した自分の声が、イヤーモニターを通してさえ聞き取れないほどの喝采だった。

全身でその歓声の波動を感じて、鳥肌を通り越して僕はほとんど震えていた。涙が出そうだった。でもあまりに嬉しくて、ずいぶん締まりのない笑顔を見せていたと思う。

そうだ、僕はこの瞬間のために生きてきたのだ。


思い出すのは、このときから遡《さかのぼ》ること十年前の福岡空港。

「俺、ちょっとデビューしてくるね」

あの日、出発ロビーで、見送りに来てくれた友人たちに向かって僕はそう言った。冗談めかして、だけど心の中はとことん本気で。

「マオならやれる気がするよ」

「きっと有名になると思うな」

「デビュー決まったらすぐに教えろよ」

気の置けない友人たちからのはなむけの言葉は、僕の気持ちを確かに後押ししてくれた。踏み出す最初の一歩が少しでも軽やかになるのは大歓迎だった。具体的に上京する日を決めてからというもの、本気度がどんどん増していくなかで、それなりにプレッシャーも感じ始めていたからだ。

「本当に行くつもり？」

この日の朝、玄関で靴を履く僕の背中に向かって、母はほとんど諦めたような声で、それでも念を押すようにそう言った。

「うん、行ってくるよ」

そう言いながら振り返ったとき、僕の目に映ったのは、思えばこれまでほとんど見たことがなかった母の涙だった。胸のあたりがギュッと締め付けられて、悲しいような寂しいような感情が喉元に込み上げてきて、でもそれと同時に、僕の覚悟ははじめてくっきりとした輪郭を持った。

（それでも俺は行かなくちゃならないんだよな）

大事な人を泣かせてまで選んだ道なら、なおさら途中で諦めることは許されない。僕はぐっと腹に力を入れた。

「俺は売れる」

「人気者になる」

「絶対に有名になる」

まるで呪文《じゅもん》か何かのようにずっと言い続けてきた言葉を、実現すべきときがやってきたのだ。


最初は、やっぱり〝モテたい〟だった。

はっきりとそう思ったのは、中学三年のとき。当時の僕はパンクロックが好きで、だけど自分で音楽をやるとは考えてもいなかったごく普通の少年。学校でつるんでいたのは、いわゆる硬派な連中だった。チャラチャラしている奴はみんな軽蔑の対象で、ましてや女にうつつを抜かすなど言語道断！　みたいなことが暗黙のルールとして存在していたグループだった。本当にそうだった。中学生なのに。

でも三年生になって間もないあるとき、僕は急に目覚めてしまったのだ。

（いや、でも実際のところ、女の子っていいよなぁ……）

中学生男子として、至極まっとうな感情。その想いは日に日に増して、クラスの女の子たちと仲良くしている男を羨ましいとさえ思うようになり、そしてついに思い至った。

「俺もモテたい！」

それには環境を変える必要があった。

「こいつらと一緒にいたら俺はダメになる！　一生モテない！」

とはいえ、正直に伝えれば間違いなく軋轢《あつれき》が生じる。女にうつつを抜かす以上に言語道断なのは、男同士の友情を裏切ることだ。これももちろん暗黙の了解で、考えるまでもない。だから僕は変わらず硬派なふりをして、中学卒業までの時間をやり過ごすことにした。女なんかに興味があるわけないだろ。押忍《オス》。

己を偽ったこの時期の反動がきっと大きかったんだろう。高校に入学し、中学の仲間の多くと離れ離れになった僕は、自分でも驚くほど見事にキャラクターを百八十度変えた。ある意味では、実に健全な青春時代へと足を踏み入れたのだ。目標は、そう、ただひとつ。

「モテたい！」

どうすれば女の子の注目を集めることができるか。そんなことばかり考えていたら、そんなことばかり考えている友達が二人できた。類は友を呼ぶというのは本当だ。

そして、そんなことばかり考えていた成果が出たのかどうかは定かではないが、僕ら三人には突如として、ちょっと信じがたいほどのモテ期がやってきた。同学年の子たちにキラキラした目で遠巻きに見つめられ、学年が上がると今度は下級生たちにキャーキャー騒がれた。

必然的に僕らはいい気になった。常に女の子たちの視線を意識して、三百六十度気を抜かない高校生三人組は、冷静な目で見れば相当に滑稽《こっけい》だったろう。でも、僕らは本気度マックスだったし、彼女たちはまるでそういう熱病にでもかかっていたみたいに熱烈に僕らを持ち上げてくれた。

「ちょっと行っとく？」

「うん、いいよ、ちょっとだけな」

「よっしゃ、歩いてくるか」

そう言って僕らが向かうのは学校の中庭だ。何気なく、あくまでも何気なく、たまたまそこを通りかかった風を装って、三人並んでゆっくり歩く。もちろん、顔が女子クラスの窓からよく見えるように、進む方向も決まっている。だいたいはすぐに反応があって、誰かがひとたびざわつくと連鎖するように女子が次々に窓から顔を出し、最後にはキャ～！という黄色い声が沸き上がる。でも、たまに誰も気づいてくれないこともあって、そんなときは気を取り直して僕らはまた同じコースを歩いた。むろん、キャ～！と言われるまで、何度でも。

今思うと、モテたのが不思議なぐらいに僕らはバカだった。でも十代の若造は、それがどんなに狭いものだとどこかでわかってはいても、自分が置かれている環境がそのまま世界に通じると思ってしまうものだ。

（俺は絶対にイケる！）

その頃、僕がはじめて組んだバンドが、学校の女の子たちの盛り上がりも手伝って爆発的な人気を博していた。小さなライブハウスに二百人も動員したら、地元の久留米ではトップクラスだ。

（田舎で二百人ってことは……東京なら一万は軽いだろ）

僕に迷いはなかった。高校三年の進路相談で、それまでのらりくらりとかわしていた卒業後の身の振り方について、僕は教師と両親にはっきり告げた。

「東京に行って、有名人になります！」

周りの大人たちが一様に呆れた顔をしたのは言うまでもない。でも僕は本気だった。この〝モテ〟の状態と、自分の歌と、持って生まれたような気がする幸運で、必ずや有名になれると信じて疑わなかった。

高校卒業後の僕はいわゆるフリーターで、上京資金を貯めるべくバイトをしながら、バンド活動を続けた。毎日はそれなりに充実していた。バイトが終わって駐車場に車を取りに行くと、ワイパーにはいつも何通もの手紙が挟まれていた。ファンレターだ。そんな日々が楽しくないわけがない。ただ、楽しいばかりで日々を過ごしていたら、あっという間に年を取ってしまうという危機感も少なからずあった。

「俺、そろそろ上京するつもりだけど、誰か一緒に行く？」

あるとき、バンドメンバーにそう問いかけてみた。

「いや、俺はすぐにはムリ。仕事辞められないから」

「いろいろ片付けたいから、一年だけ待って」

案の定の答えだった。それでもメンバーのひとりが一緒に上京することになって、バンドは事実上の解散となった。

別にそれで構わなかった。バンドじゃなくなっても、お客さんはちゃんと二百人来ると思っていた。なぜなら、二百人のファンは僕ひとりで集めていると思っていたからだ。後に、当時のバンドのメンバーにその話をしたら、

「いや、俺も、二百人は全部俺の客だと思ってたよ」

そう言っていた。メンバーみんな自惚《うぬぼ》れが強いって、けっこうヤバいバンドだ。あのとき解散してよかったんだ、きっと。

かくして僕は、バイトで貯めた四十万円を懐に忍ばせて、東京に向かうことにした。

有名になりたい――。

それは偽りない気持ちだった。有名になったときのことしかイメージしていなかった。下積みなんて言葉すら思い浮かばなかった。

必要なのはほんのちょっとの時間だけ。軽くバンド活動をしたらすぐに人気が出て、大手の事務所から声がかかるだろう。有名人は全員そういうもんだ。

僕は本気でそう思っていた。

だから不安はなかった。唯一、不安要素があるとすれば、飛行機に乗ることぐらいだっ

た。高校の修学旅行以来、人生で二度目の空の旅。でもまさに〝飛び立つ〟感じで悪くないな、そう思いながら目を閉じて、目を開けたら羽田に着いていた。空をひとっ飛びでたったの二時間弱だ。遠く感じていたはずの東京は、案外近いんだなと思った。

が、勇んで上京したくせに、僕はそのあとの行動予定をまったく立てていなかった。とりあえず、一緒に上京したメンバーが東京在住の友達と食事の約束をしているというので、ついていくことにした。場所は吉祥寺というところ。なんとなく聞いたことのある場所だった。


（え、人多くない？）

電車に乗って、都心からけっこう離れた感覚でいたのに、駅周辺の人の多さは週末の久留米の繁華街を軽く超えていた。田舎者だとバレないように、キョロキョロしないように意識しながら歩いた。そしてようやく着いた店もまた、上京したての僕の度肝を抜くには十分のロケーションだった。

「え、ここでメシ食うの？」

思わずそう呟いた僕に、メンバーの友達がにっこり笑って言う。

「テラス席はすぐ埋まっちゃうから、予約しておいたんだよ」

道路に面したそのテラスには柵らしい柵もなく、通行人から丸見えだった。しかも、道路に向くように椅子が配置してある。

（東京じゃ、店の外の、こんな縁側みたいなところでわざわざメシを食うのがオシャレなのか……？）

じっと見ていると、ほとんどの人はこちらに意識を向けることなくただ前を向いて通り過ぎたが、五十人にひとりぐらいはちらりと顔を向ける。そのときに気の抜けた顔を見られてなるもんかと、僕は道行く人々を睨みつけながら、聞いたこともない横文字の料理を食べた。味なんてわからなかった。

その日から一週間ほど、たまたま新宿で見つけた格安の旅館に泊まり込んで、部屋探しを始めた。東京に頼れる人が誰もいなかったから、とにかく住むところの確保が先決だった。といっても、土地勘なんてまるでない。街の名前を知っているのは新宿、池袋、渋谷に原宿ぐらい。でも、いきなりそこに行くのも田舎者っぽいよなと、今思うと実に田舎者っぽい思考のもと、僕は聞き覚えのあった中野という場所を駅の路線図で探し出して、その駅前に見つけた不動産屋に入った。

カウンターを挟んで対応してくれたのは、愛想のいいお姉さん。その愛想を、僕はほんの五秒で奪い去った。

「原宿で2LDKで駅から近くて、家賃は三万円台。できれば新築がいいです」

お姉さんの顔は一瞬で曇った。冷やかしの客か、ちょっとおかしな奴が来たと思ったんだろう。

「えっと……お客様の条件に見合うお部屋はありません」

「そんな冷たくしないでくださいよ。ちゃんと探してもらえますか」

「いえ、本当にありませんよ」

（俺を田舎もんだと思って馬鹿にしてんのかな？）

そう思って冗談めかして食い下がるも、望み通りの物件はまったく出てこない。なにしろ僕が最初に提示した条件の部屋なら、当時でも軽く二十万円以上はしただろう。そもそも桁が違ったのだ。でも、僕はそんなことなど知らない、つい昨日まで九州男児だ。

ひとつずつ条件を諦めていって、最後に残ったのは家賃三万円台と二十三区内であること。このときすでに数時間が経過していて、僕はもうクタクタだった。愛想のよかったお姉さんは、無愛想でしかめっ面のお姉さんへとすっかり変貌していた。もう僕と目を合わせてもくれない。

「ご紹介できるのはここだけですね」

それは本当に、見事に境界線ギリギリの、かろうじて二十三区内と呼べる場所だった。

「ここしかないんですか？」

「はい、お客様の条件に合うのはここだけです」

「わかりました。ここに決めます」

「では、よければ今から見に行きましょうか」

「いえ、大丈夫です。俺、ここに住みます」

「えーっ？」

内見する気力も体力も残っていなかった。でも、結果的には内見しなくてよかったと思っている。もし契約する前にその部屋を見ていたら、けっしてハンコを押すことはなかっただろうし、日和《ひよ》って都内に住むことを諦めていただろう。そのぐらいひどい部屋だった。どこもかしこも汚れていて、何もかもがボロボロで、今にも崩れそうなアパートだった。風呂場には見たこともない小さな浴槽がついていて、いわゆるバランス釜というやつだった。あの風呂に、膝を抱えて無理やり小さくなって浸かっていた自分を思い出すと、今でも言いようのない惨めな気分がよみがえってくる。

「絶対に有名にならなくちゃ。早くここから抜け出さないと……」

そう心に誓ったものの、その部屋から引っ越しができたのは、それから四年後のこと。

まさかの下積み時代が僕を待っていたのだ。

なにしろ肝心のバンドが思うように始められなかった。「バンドやろうぜ」という雑誌のメンバー募集ページや、御茶ノ水の楽器店の掲示板を通じて何十人、いや、おそらく百人単位のミュージシャンに会ったけれど、ピンとくる人がいなかった。もちろんうまい人はいたし、男の僕から見てもカッコいい人もいたから、僕が地元でやっていたぐらいのバンドならすぐにできたのだ。でも、目指しているのはそこじゃなかった。人気者になるためには、有名になるためには、何段階もレベルが上のミュージシャンを集めなきゃいけない。

シドを結成するまでの空回りしてばかりの日々は、僕の心身を疲弊させた。上京するときに持っていた四十万円なんてあっという間になくなって、だけどバイトをするのがイヤでイヤで、食うや食わずの日も少なからずあった。

（音楽で名をあげるために東京に来たのに、なんでバイトしなきゃいけないんだろう）

どんなに綺麗事を並べたって、カツカツの生活はやっぱり堪える。ましてや夢見たこともおぼつかないとなれば、追い詰められるのはほぼ必至だ。

でも、苦しいときに思い出すのは、あの朝の母の涙だった。そして、なんだかんだと説教をしつつも、

「ま、男なんだし、一度はやりたいようにやってみればいいさ」

そう背中を押してくれた父の言葉だった。

空港に見送りに来てくれた友人たちの笑顔も、何度も脳裏をよぎった。そしてまた、母の涙を思い出す。その繰り返しだった。

僕はずっと実家に帰れなかった。

みんなの顔が見たいと思った夜は数え切れないほどあったけれど、帰るのが恥ずかしか

った。上京して数年が過ぎても、僕はまだデビューもしていなければ、全国的に有名になってもいなかったからだ。地元に残った友達は、立派に仕事をして稼いで、すでに家族を養っている奴もかなりいた。

それに引き換え、僕はまだ何者でもなかった。田舎者根性と言われればそれまでだけど、成功すると豪語して故郷を出た以上、男たるもの結果を出すまではのこのこ帰れるはずもない。

だからこそ、メジャーデビューが決まったときの喜びはひとしおだった。

シドを結成してから五年、事務所と契約してから三年、長いインディーズ時代に終止符を打てたことに心からホッとしたし、やっとスタートラインに立てたことで改めて身の引き締まる思いだった。

もちろん、バンドにとってメジャーデビューはあくまでも通過点だ。勝負はこれからだということは、十分にわかっていた。わかってはいたけれど、まさかここまでヘヴィだったとは。神様が僕に用意した音楽の道は、思いもよらない試練をいくつもはらんでいた。

◉

それが〝めまい〟だとわかるまでには、少し時間がかかった。

時は二〇一二年の暮れ。僕はその日、都内の飲食店で友達と会っていた。いつものように軽口を叩きながら笑い合い、ひとしきり飲んで、そろそろ帰ろうかというときだった。

ふと、視界がぐらりと揺れた気がした。

「今の、地震だよね？」

「え、ほんと？　俺はわからなかったけど」

「いや、揺れたよ」

そう確信を持ってスマホの画面を見た。地震発生の情報はゼロ。念のためニュースアプリも立ち上げてみたけれど、それらしいものは見つけられなかった。

「マオ、大丈夫？」

僕は不安そうな顔をしていたのかもしれない。友達が心配そうにそう聞いてきた。

「大丈夫。ちょっと飲みすぎたせいだと思う」

一度はそう考えようとした。でも僕は、自分がちょっとやそっと飲んだぐらいでふらつくようなタイプじゃないことを知っているし、何より直感が何かよくないものを感じ取っていた。

（これはきっと〝めまい〟ってやつだろうな）

そしてあくる日も、そのまたあくる日も、僕のいる世界は揺れた。

ほんの数秒で治まることもあれば、一日中続くこともあった。揺れ方のパターンもいろいろで、ぐるぐると回転するように大きく揺れたり、蜃気楼《しんきろう》みたいに視界がぼんやり揺らめいたり、あるいは船を降りてからも揺れているような、いわゆる陸酔《おか》いの状態に陥ったりすることもあった。

その日の体調によっても感じ方が違った。いちばん調子が悪かったときはまっすぐ歩くこともできなくなって、さすがの僕も焦った。

（どうなってんだよ、これ……へんな病気だったらいやだな）

病院の待合室で抱えていた不安は、確かに今までにはなかったものだ。

考えてみたら、僕らは自分の病気にだいたいのあたりをつけて病院へ行く。風邪か、インフルエンザか、胃腸炎か、そんな感じのもの。だけど僕はこのとき、得体の知れない症状を抱えて、未知なる診断を待っていた。丸一日かけて、ありとあらゆる検査をしたんだから、きっと何かはわかるだろうと自分に言い聞かせながら。

医者と話していても、ＣＴ検査装置の中にいても、血液を採取するための注射針が腕に刺さっているときでさえ、頭の中に去来するのは〝十周年〟の文字だった。

（こんなに視界が揺れたんじゃ、ライブも思うようにいかないよな……）

シドは結成十周年のアニバーサリーイヤーを迎えるにあたり、多くのライブやイベントを企画していた。それはすでに大きなプロジェクトとして動き始めていたし、全国のファンがそれを待っていた。そんなときに、僕が倒れたり休んだりすることが許されるはずもない。

　僕は祈るような気持ちで、医師と向き合った。

「メニエール病ですね」

　はじめて聞いた病名で、僕はどう反応していいものかわからず、鸚鵡《おうむ》返しに病名を繰り返すのが精一杯だった。

「メ、メニエール病……?」

「一般的にはめまいや吐き気の発作を繰り返す病気です。内耳のリンパ液に問題が起きて平衡感覚が失われるので、まっすぐ歩けないのもそのせいでしょう」

「どうやったら治るんですか?」

「原因不明の病気なので、残念ながら今現在、これといった特効薬はないんです」

　原因がわからないものは治し方もわからないということか……。目の前が真っ暗になった。僕は一生、このぐるぐる回る世界で生きていかなければならないのか。

「対症療法でよくなる場合も多いですから、そんなに不安に思わないで」

　そうは言われても、僕にはやるべきことが山ほどある。

「僕、ステージで歌うのが仕事なので、治らないと困るんですよ、先生」

「でも気長に治療しないと。まずはストレスをできるだけ取り除きましょう」

　メニエール病の原因のひとつは、ストレスではないかと言われているとか、いないとか。

僕にとっては、メニエール病になったことがストレスで、特効薬がないことがストレスで、ストレスが原因だという事実もまたストレスだ。もう、どうしようもない。

「まずは運動を始めてください。これで快方に向かう患者さんも少なからずいます」

僕は運動が嫌いだ。走ったり、筋トレしたりするのは退屈で仕方がない。年齢的に若かったこともあって、それまで大した運動をせずとも健康に生きてきた。でも、背に腹はかえられない。

「わかりました。ジムに行くようにします」

僕は運動を始めて、車を運転するのをやめた。本当に発作的にめまいが起こるし、それが激しくグラつくやつだと、ハンドルをコントロールできなくなって完全にアウトだ。家の近所は自転車を使うことにしたけれど、これも突然グラリとくると危なかった。はじめはなるべく人通りの少ない道を選んで走っていたものの、都内はそんな道のほうが少ない。だからそのうち自転車も諦めて、僕はただ歩く人になった。

（みんなにちゃんと言わなきゃな）

メンバーにどう伝えるかを、僕はずっと考えていた。十周年のお祭り気分に水を差したくはなかったし、むろん心配や負担をかけたくもなかった。ただ、僕自身でさえ完全に把握できていない症状のことを、どう伝えればいいんだろう。

改まって告白するのもなんとなく気が引けたので、事務所で打ち合わせがあった日、四人がテーブルについているタイミングで話すことにした。

「最近さ、俺ちょっと調子悪い感じだったでしょ。メニエール病だったよ」

みんなの表情が一瞬固まった。

「え、それって何？」

明希が困惑した顔でそう言った。

はじめて聞いた病名に何を思っていいのかわからないのは、他のメンバーも同じだった。

僕はひとまず医者から聞いた話を要約して説明した。原因不明であること、特効薬はないこと、だけど死ぬようなこともないよ、と。

「その日になってみないと体調の良し悪しがわからないけど、とりあえずは大丈夫だよ」

「でもさ、本当にヤバいときは言ってね」

ゆうやがそう言ってくれて、ちょっと安心した。

「わかった。ちゃんと言うよ」

でも僕は、その後一度も、

「今日はヤバい！」

みたいなことをメンバーには言わなかった。

なぜなら、ほとんど毎日がヤバかったから。

「今日はグラつく日だな」

そういう日は、確かにグラついていた。だけど実は、グラついているだけではなかった。新たな問題が浮上していた。これまで騙し騙し付き合ってきた声帯のポリープが、ついに悲鳴をあげ始めていたのだ。

二〇一三年、シドが十周年イヤーに突入したのは、そんな最中だった。

その皮切りは四月の横浜スタジアム。夏に予定していた全国野外ツアーに向けて、大きな景気づけの意味も持たせたライブだった。初のスタジアムライブだったこともあり、メンバー、スタッフ共に気合いが入っていた。派手な演出を山ほど用意して、前日から徹夜で会場設営を行った。

が、当日の天気予報は雨。僕らが会場入りするときにはなんとか持ちこたえていたものの、ファンがスタジアムに集まり始める頃には、鉛色の空からポツポツと雨粒が落ちてきて、リハーサルの開始と時を同じくしていよいよ本降りになった。

アニバーサリーイヤーの一発目だし、初のスタジアムだし、本来ならスタッフといつも以上に綿密なコミュニケーションを取っておきたいところだったけれど、みんな機材のフォローでてんてこまいだった。屋外で雨に降られると、機材がダメージを受けるのはもちろんのこと、感電の危険性も高まる。安全にライブができるよう急いで対策を立てて、本番に間に合わせなければいけない。演出の目玉のひとつだった、ヘリコプターでの映像撮影も中止になった。

「でもさ、どうにもこうにも降ってるもんは仕方ないでしょ。自然には勝てないよ。行こうぜ！」

そう開き直って飛び出したステージで僕の目に飛び込んできたのは、これまでに見たことがないほどの美しい光景だった。土砂降りを絵に描いたような雨の向こうに、ビニール合羽を着て待っていてくれたギッシリのファン。それは灰色に沈む雨模様の中で白く輝いて、まさに希望の光のようだった。

そのまばゆいばかりの光景を、なんと表現したらいいだろう。思わず息を呑んだ僕は次の瞬間、大歓声に包み込まれた。

気持ちがよかった。それがメニエール病のせいなのか、それとも歓喜の思いがそうさせているのかはわからなかったけど、僕の足元はふわふわと浮かんでいるかのようだった。

ハッと我に返ると、大歓声の代わりに大粒の雨音が耳に飛び込んできた。

ステージ上はすでにびしょ濡れだ。打ち付ける雨粒が足元で跳ね返り、空からも地面からも雨に当たっているような感覚だった。一曲目の「ハナビラ」を歌い終えたところで、もはやタオルを手にすることも諦めた。この雨の中では、どんなことをしたって濡れずにいることは不可能だ。

ファンは、それでも大いに盛り上がっていた。そこは僕も音楽ファンのひとりとしてわかるけれど、冷たいだの寒いだのと思いながらも、こうした不可抗力にさらされたライブはとにかく燃える。合羽を着ていてもおそらくみんなずぶ濡れで、だから逆に開き直れたはずだ。この雨のライブの内容がどうだったにせよ、みんなのいい思い出になってくれていたら、僕はそれでいいと思っている。

シドの中で唯一、ゆうやとドラムセットはステージの屋根に守られた。

「三人とも完全にゾーンに入ってたよ。鬼気迫るオーラっていうか、すごかった。あんなの見たことがないよ」

ドラムという立ち位置からして、ゆうやはライブのとき常にフロントの三人の背中を見ながら演奏している。なんとなくその背中で、各メンバーのその日の調子みたいなものまでわかるらしいから、そのゆうやからそう見えたのなら、アプローチとしても間違っていなかったんだろう。

でも、僕はこのときの映像を今日まで一度も観ていない。

なんとなく怖くて観られないのだ。

めまいはさほど感じなかったものの、喉の調子が絶望的なほどに悪かった。

ポリープがあると知ったのはずいぶん前のことだ。そのときは発声に支障がなかったので、あまり深刻には考えていなかった。ポリープを抱えて歌っている人なんて世の中にごまんといるし、僕もうまく付き合っていけると思っていた。でも、少しずつ声に影響が出始めた。

一定の音域で声が出なかったり、声質がバラついたり、痛みがあったり。その波が激しすぎて、いつしか歌うことに不安を覚えるようになっていた。なにしろコントロールが利かない。

一度、スタッフにポリープの切除を相談したこともある。

「最近、痛みも出てきたし、切ったほうがよくない？」

「でもスケジュールが埋まってて。十周年終わってからにしませんか」

確かに十周年に向けてのスケジュールは動かせないものが多く、僕も納得せざるをえなかった。でも、ここまで声の調子が落ちるとは思っていなかったし、まさかメニエール病なんて余計な病気までついてくるとは想像もしていなかった。

僕はただ、目の前のファンがガッカリする姿を見たくなくて、たとえぶっ倒れてでもちゃんと歌いたいと思っていただけだ。他のことを考える余裕はなかった。ゾーンに入っていたのは、だから本当かもしれない。

「マオ君の手、めっちゃ切れてるよ」

「え？」

終演後、ゆうやに言われて自分の手を見たら、切り傷だらけであちこち流血していた。歌いながら、衣装にちりばめられていた割れた鏡みたいなモチーフに幾度となく触れたらしい。痛みも感じなかったし、誰にも気づかれなかったのは、雨が血を流し続けてくれたからだ。

声の調子には波があって、いいときも悪いときもあった。いつどうなるかは自分でもわからない。その不安がストレスになるのか、めまいもなかなか治まらなかった。でも、処方された薬はちゃんと飲んでいたし、医者に言われた通りに運動もしていたし、食べるものにもそれなりに気を遣っていた。なんとか夏までには持ち直そうと、やれることは全部やったつもりだ。〈SID 10th Anniversary TOUR 2013〉と題した初の野外ツアーに穴を空けるわけにはいかない。

そして七月二十七日、ツアー初日の福岡、海の中道海浜公園でのライブはまずまずの調子で乗り切った。でも、少しホッとしたのも束の間、試練はまたしても訪れた。

八月二日、翌日に宮城スポーツランドSUGOでのライブを控え、僕らは宮城入りした。僕は数日前からの体調不良が悪化の一途をたどっていて、フラフラしていた。測らなくても、高熱があることはわかった。

「あのさ、病院に行きたいんだけど」

僕の顔色を見たら、医者に診《み》せないという選択肢はなかっただろう。スタッフはすぐに車を出して、僕を地元の病院へ運んだ。

診断は、ウイルス性胃腸炎。もともと抱えていためまいとポリープによる喉の不調に、今度は胃痛と高熱が加わった。泣きっ面に蜂とはまさにこのことだ。僕はホテルの部屋で解熱剤を飲み、ただじっとしていた。でも翌朝に目が覚めても、起き上がることができなかった。体が動かない。なんとか枕元に置いていた体温計に手を伸ばし、脇に挟む。四十一度の高熱だった。泣きたいくらいだけど、泣く気力も体力もない。

外は雨だった。また雨だ。狙い撃ちされているのではないかと思うほど、シドが屋外でライブをやるとよく雨が降る。真夏とはいえ、発熱した体で雨に濡れながら歌わなければならないかと思うとぞっとした。でも、ステージに穴を空けるわけにはいかないから、僕は高熱で怠《だる》くなった体を鼓舞するように、楽屋でずっと腹筋運動をしていた。

「マオ、序盤だけど、どういう風にMCまで持ってく？」

スタッフがそう聞いてくる。

これがよその事務所であれば、まずは、やるかやらないかという二択になるはずだ。つまり、ライブを中止にするか否か。でもうちの事務所は、

「どうやってやる？」

「そのために何が必要？」

そんな方向性で話を進める。そもそもの前提として、中止という選択肢がない。その気合いの入り方が僕は好きだ。

「今日はこのまま勢いで乗り切るよ」

あとから映像を観たら、指先に力が入らないほど衰弱していたのに、僕は案外きっちりとステージをこなしていた。

でも、一週間経っても体調は回復せず、僕はまたしてもフラフラの状態で大阪万博記念公園のステージに立つことになった。楽屋に布団を敷いてもらったのは、このときがはじめてだ。本番まで点滴を打ちながら、僕はただ静かに布団の上で横になっていた。

大阪は一転してカンカン照りだ。ステージ上の体感温度はゆうに四十度を超えている。

ここまで悪条件が揃うと、体調不良の原因が何なのか、医者にも判断がつかなくなっていた。ポリープか、メニエール病か、胃腸炎か、それとも疲労か、ストレスか、あるいはその全部か。

確かに言えるのは、僕が徹底的に絶不調だということだけだ。

まったく、運命を呪いたい気持ちになった。

(神様か何か知らないけど、なんでこんなに俺をいじめるんだろう?)

天を仰いで何度もそう思った。

厄年、いや、クソ厄年だ。

本来なら、みんなと一緒に十周年を祝って、感謝の気持ちを全国に届けるツアーにしたかったのに、僕だけその楽しさにまったく乗り切れなかった。

でも、僕はまだ歌えた。この頃、体は死んでいたけれど、喉はなんとか生きていた。声さえ出れば、ライブはできる。

それに、僕の調子がどうであろうと、それはお客さんにはまったく関係のないことだ。いつでも最高のライブを観て帰ってもらいたい。

シドを観るのが、今日がはじめてのファンだっている。その最初の機会をけっして残念な思い出にはしたくない。

だから僕は、布団の中でウンウン唸ってヘンな汗をかいていても、五分後にはステージに飛び出していく。

「いくぜー！」

心の中では、早く終わってくれと叫んでいるけれど、でもやっぱり、ファンの声が僕を最後までそこに立たせ続けてくれる。

来てくれたファンのためにステージに立ち続けるか、完璧なものを見せるために中止するか。どちらもプロフェッショナルな考え方には違いない。

でも、僕らは迷わず前者を選ぶ。

その理由はただひとつ、シドとファンとの関係性にある。

会いに来てくれたみんなに、僕らも会いに行く。

ただそれだけだ。ギリギリやれるところまでは絶対にやる。

音楽として完璧なものが出せないのであれば、生き様を見せるというアプローチに切り替えてでも、僕らはステージに立ち続ける。それが誰かを勇気づけたり、明日への力になるかもしれないと思えば、ステージを降りる選択はできないからだ。

事実、この野外ツアーまで、僕がいろいろ問題を抱えていることはファンには気づかれなかったと思う。声の調子が悪かろうが、熱が出ていようが、そこは僕のなかなかうまいところだと思っている。

言葉は悪いけれど、そうやってごまかしながら歌っていくことは、僕にとっては時間稼ぎみたいなものだった。たとえばポリープは手術という物理的な手段を取ることができるし、抱えた不調も時間が経てばすべてが自然に治っていくものだと、どこかで信じていたからだ。

◉

「今日はもうやめようか」

レコーディングスタジオのコンソールルームから、Shinjiがそう言った。

僕はヴォーカルブースにいた。アルバム『OUTSIDER』(2014)の一曲目「laser」のヴォーカル録《ど》りをしていたのだ。夏の野外ツアーをなんとか乗り切って、アニバーサリーイヤーはちょうど真ん中を過ぎたあたりだった。

シドの楽曲制作は、作曲者がイニシアチブを取って進める。この日はShinjiがずっとヴォーカル・ディレクションをしていた。

「え、なんで？　中断するってこと？」

「また明日、録り直そうよ」

レコーディングを中断したのは、あとにも先にもこれ一度きりだ。でも、中断せざるをえなかった。これ以上やっても結果は同じだと、誰の耳にもそう聞こえたからだ。

僕は何度も何度も、同じ箇所でつまずいた。キーが高いわけでもないし、メロディが難しいわけでもないのに、何度歌ってもそこだけ声がひっくり返ってしまう。

アルバムは、この一曲を録れば完成だった。それまで順調に作業は進んでいたし、ポリープを気にしながらも、問題なく歌えていた。本来ならもっと難しい歌だってあったはずなのに。それなのに、最後の最後でこれだ。

正直、僕はショックを隠し切れなかった。歌録りを途中でやめるなんて、誰がどうなぐさめてくれようともヴォーカリストとして心が傷つく。

（ポリープ、もう放置できないかもな）

騙し騙し歌っていくのもそろそろ限界だった。痛みも少しずつひどくなっていたし、正直、十周年イヤーだからとライブで無理をしすぎたと思い始めていた。僕ひとりでシドを背負っているわけではないけれど、フロントマンがこんな状態では、やはりメンバーにもスタッフにも申し訳ない。いずれにしろ、声が出なくなってからでは遅いのだ。

二〇一三年暮れの日本武道館ライブを気合いでやり切って、僕は手術に踏み切った。

ポリープ切除の手術自体はそう難しいものではないらしく、思っていた以上に短時間で済んだ。ただ、術後のケアを怠ると、声質が変わってしまうような悪影響が出かねない。そうならないように、とにかくじっとしていることが求められた。

ほぼ一週間、僕は声を発することを一切禁じられた。

ついに声を失った不安と、これから快方に向かう期待とで、僕はじっと天を仰ぐしかなかった。

囁き声もダメ、咳払いなんてもってのほか。目から情報が入ってきても、頭でものを考えても、声帯は動いてしまうのだという。だから本当は、暗くした部屋で目を閉じてじっとしていなければならない。でも、ずっとその状態でいるわけにもいかないので、僕は家の中でおとなしくしていた。

会話が必要なときは筆談だ。声が出るかどうかを試したい衝動に何度もかられて、その都度、好奇心をぐっと抑え込んだ。

休養できる期間は限られていた。今もし声帯を傷つけでもしたら、シドのスケジュールを大幅に変更しなければならず、結果として多くの人に迷惑をかけることになってしまう。僕は自分自身をほとんど閉ざして、その一週間を過ごした。

術後の第一声を発したときは、少し怖かったし、緊張もした。同時に、耳に聞こえた自分の声が、よく知っている声だったことに心底安心した。体から一気に力が抜けて、その場にへたり込みそうになったほどだ。

そして僕はスムーズに声が出せるようになり、歌うことへの恐怖感がすっかりなくなった。と、言いたいところではあったけれど、やはりそう簡単にはいかなかった。

僕の試練の日々は、まだまだ終わらない。

ポリープがなくなって、声が出しやすくなったのは事実だ。調子は上向きのはずだった。それなのに一定のクオリティで歌えない。いいときと悪いときの落差が大きくて、ごまかしが利かないことが増えた。

『OUTSIDER』のツアーを回る中で、ライブを観た人からの心配の声が届き始めた。

「マオ君、歌ヘタになりましたね」

「ポリープ取らないほうがよかったんじゃないですか」

そういった声を寄せてきたのは、厳密にはファンじゃない人が大半だったと思う。でも、ファンじゃない人が気づくことは、ファンならとっくに気づいているだろうと思った。

実は、ポリープの治療をしている最中に、〝発声障害〟を併発していたのだ。

声の出にくさを、ポリープの切除手術以外で解消する方法を見つけるため、僕はセカンドオピニオン、サードオピニオンを求めて何人もの医者に会っていた。そしてあるとき、こう言われたのだ。

「これは発声障害の状態にありますね」

発声障害は、そのものずばり、声を出しにくくなる疾患だ。原因は人によってさまざまで、僕の場合は体調不良に悩んだ二〇一三年の活動がストレスになっている可能性もあったけれど、医者でも特定できないとのことだった。

この発声障害のため、歌を諦めざるをえなかった人も少なくないと聞いて、僕は本腰を入れて治療に臨むことにした。医者が主宰するヴォイス・トレーニングに通い、声が出ないときにそれを気に病まないようにと努力もした。

それでも出ないときは出ない。僕は再び歌うことに恐怖感を覚えるようになった。それは今日のステージで声が出なかったらどうしようということではなくて、このまま永久に歌えなくなることへの漠然とした怖さだった。

「ひとりで抱えすぎなんだよ、君は」

ある医師にはそう言われた。

「お客さんが第一みたいなことを言うけど、君自身が楽しめなかったら、お客さんも楽しめないいんじゃないの？」

まったく、痛いところを突いてくる医師だ。ただ、実際のところ、発声障害の治療はこうした会話を大事にする。肉体的、物理的原因というよりは、精神的な原因を取り除いていくことが有効とされているからだ。

それで僕は、これまでの経緯と今の想いを綴《つづ》って、ブログに公開することにした。

僕がどんな想いで十周年イヤーを過ごしたかということ、ポリープを切除したことはよかったのだということ、そしてすべては長く歌っていくため、みんなの笑顔を見たいがために選択したということ。

反応はすぐに返ってきた。みんなが受け入れてくれて、僕は安心したし、気持ちがすごくラクになった。

過ぎたことは全部いいことだとよく言われるけれど、振り返ってみると確かに悪いことばかりでもなかった。

「俺は絶対にやめない。何が何でも吸い続ける!」

と、まったくもって意味不明な宣言をして、長年吸っていたタバコもきっぱりやめられた。

早寝早起きになって、運動習慣ができて、食べるものにも気を遣うようになったら、当たり前のように体の調子が上がってきた。

きっかけがあって何かを変えるんじゃなく、そうなる前に手を打っておくことの大切さを知ったことが、いちばん大きな収穫だったかもしれない。

不摂生をして、めちゃくちゃに無理して粋がるのも、ある意味ロックの美学だろう。そこは否定しないし、僕自身それがカッコいいことだと信じていた時代もある。

でも僕は、歌い続けることを選んだ。

そのために今できることは何かを考えるようになった。

生きている限り、少しでも長く、最高のコンディションで、僕は歌いたいから。

二〇一三年と、二〇一四年。この二年に降りかかったあらゆる問題を、僕は今ではすっかり乗り越えている。少し前まではちょっとでも具合が悪くなると、脊髄反射的にこの頃の自分がフラッシュバックしていたから、けっこうなトラウマになっていたんだと思う。

今なら完璧な野外ツアーができる気がする。もう一度やりたい。もう一度、横浜スタジアムからやり直したい。

晴れていたら最高だけど、もう、こうなったら雨でもいいや。

◉

今さらだけれど、ずっと信じてついてきてくれたファンには感謝しかない。

シドは、シドであることに自信がある。音楽的にも、歩んできた軌跡にも誇りがある。

それを支え続けてくれたのが、他でもないファンのみんなだ。

今では多くの人の知るところとなったが、シドのファンはいつも踊っている。ライブ会場は、さながらダンスフロア。体の角度も腕の振りも見事に揃ったダンスが、曲に寄り添うように展開されていく。

誤解している人も少なくないみたいだから念のために言っておくと、これにはバンドは一切関与していない。ファンが独自に作り上げたものだ。

始まったのはかなり初期の頃だった。そもそもは古参のファンがライブハウスの最前列を仕切っていた頃、ヴィジュアル系の文化としてすでに発展していた独自の手の動き——ステージに何かを捧げるような振り付けから派生したのが、シドのライブ独特のダンスらしい。リーダー的な存在の人が新しいファンに次々に伝授していって、今ではすっかり定着した。会場が大きくなればなるほど客席に熱気が増して、ステージから見ると壮観なほどだ。僕も次第にフリを覚えていったので、それに乗じて、

「回れ～！」「跳べ～！」

と、叫んでいるに過ぎない。

新曲でも何度か演奏しているうちに客席のダンスがまとまってきて、ツアーが終わる頃にはすっかり完成しているなんてこともざらだ。おそらくドラムのリズムに合わせて作っているんだろうと思う。それを聞いて、ゆうやが作ってきたのが「ラバーソール」だ。フ

ァンのダンスを想像しながら仕上げた曲。いわば、逆輸入みたいなものだ。

新たにシドのライブに参加した人は、ステージではなくお客さんを見ていたりもする。ここに加わりたくて、ネット上にアップされたレクチャー動画を繰り返し観てからライブに来る人も多いと聞く。そのぐらい、シドのライブにおけるファンの役割は大きくて、みんなが演出のひとつを担ってもいるのだ。

こんなファンに支えられているバンドが他にあるだろうか。自発的に最高の一体感を生み出して、共にライブを作り上げてくれる何万人ものファン、他のアーティストのライブにいる？

そもそも一体感が生み出されるのは、一人ひとりが熱いからだ。それはイベントに出演するとよくわかる。たとえばアニソンのイベントに、主題歌を担当した作品の関係で僕らの出演が急遽決定したとき。人気のイベントだからチケットはとっくにソールドアウトしていたのに、ステージに出た瞬間、

「マオ！」

会場のどこからか声援が飛んでくる。まさかのシドのファンだ。もしかしたら出るんじゃないかと推測した上で、事前にチケットを買っていたに違いない。

（今日は声が響くなぁ）

数少ないファンの声に少々気恥ずかしさを覚えながらも、僕らは嬉しさで胸がいっぱい

になる。

そうやってひとりでも応援に来てくれる根性の入った人がいて、その集合体がシドのファンだ。一人ひとりが違った思い入れを持って、バンドを見てくれている。メンバーの誰が好き、あのアルバムが好き、この曲が好き、あのジャケット写真が好き――無限の組み合わせをみんなが楽しんでいて、当の僕らでさえ感知できないほどの広がりを見せている。バンドを十五年以上もやっていれば、ファンのライフステージにも変化があるだろうけれど、多くのファンが変わらず僕らを見てくれているのだ。

シドが常にファンの目を意識しているのはそのためだ。ずっと支えてくれた人たちの想いを汲《く》まずして活動すれば、ミュージシャンとしての矜持《きょうじ》に傷がつく。

ただ、それはファンに迎合するという意味ではない。生きて音楽をやっている以上、進化していくことはある種の使命でもあるから、僕らは何に遠慮するでもなく先を行く。だけどそのときに、ファンが喜んでくれるかどうかを考えるし、きっと受け入れてくれるだろうなとも思うのだ。これは理屈じゃ説明できない。シドとファンの信頼関係によるものだからだ。

だから、身内以外の音楽業界の人たちにはちょっと驚かれたけど、ベストアルバム『SID 10th Anniversary BEST』（2013）に収録した楽曲は、一切録り直しをしなかった。新たなファンの入り口になってほしいという想いもあって、メジャーデビュー以前の楽曲も収録したので、新旧織り交ぜた楽曲たちは音質もクオリティもてんでバラバラ。作品としては、かなり不格好なアルバムだ。

でも、僕らはこれでいいと思った。かつて終電で街に出て、深夜料金のスタジオで急いでレコーディングした曲たちは、けっして完成されているとは言えないそのクオリティのままでファンに愛されていた。そこにはすでにみんなの思い出が刻まれている。いくら作者でもそこに踏み入ることはしたくなかった。そりゃあ今歌えば、もっといい作品にできる。もっといい音で音楽を届けられる。メンバー四人とも心からそう思ってはいるけれど、

「ファンの立場になったら、録り直しされると気持ち冷めるよね」

それがシドの総意だった。

今の僕が、昔の自分に負けている気はまったくしない。なんなら第一声だけでこてんぱんにやっつけられるはずだ。だけど、絶対に勝てない部分がひとつだけあって、ファンの中の〝思い出のマオ〟には、どんなに歌がうまくなろうと、それこそ完璧な人間になろうと、けっして勝てないのだ。もしかしたらそいつは、人生の中で僕が唯一勝負できない相手かもしれない。

でも、その思い出を鮮やかなまま保存してもらいたいからこそ、新しい動きが常に必要となる。音楽シーンを見渡せば、新たなバンドがどんどん出てきて、新鮮な曲が次々に生み出されている。思い出だけではファンの心を繋ぎとめられない。だからシドはライブを

たくさんやるし、コンスタントに新曲を出す。そうやって他の誰も入り込む余地がないくらい、ファン一人ひとりをシドだけでいっぱいにしたい。

そんなスタンスでステージに立つ僕を見て、プライベートの友人たちはいつも驚いたような顔をする。

「マオって、こんなに独占欲が強いタイプだったっけ?」

正直言うと、私生活においてはむしろ逆だと思う。でも、シドのマオとしてファンと向き合った瞬間、僕の独占欲スイッチが深く入って、目の前にいる全員を独り占めしたくなるのだ。だから僕は、そのために必要なことをする。

「シドのファンはやめにくい」

いつからかそう言われるようになったけれど、そう思われて当然だ。なにしろ僕らがそうさせているんだから。楽しみにしていたライブが終わっても、シドは必ず次のライブの告知をしてステージを降りる。だからファンは、寂しい思いをしない。ずっとそうしてきた。それが僕らのこだわりだった。

ところが、ファンに寂しい思いをさせてしまった一年があった。

二〇一六年のスケジュールは、前年の暮れになっても真っ白なまま。シド結成以来、一度もなかったことだ。

この頃、事務所内部がバタバタしていた。大小多くの問題を抱え、通常の業務ができなくなるほどスタッフも不足して、シドの現場にマネージャーがいない日が続いた。とはいえ、会社の運営に関して所属アーティストができることはほとんどなく、僕らはただ手をこまねいているだけ。

「この状態で無理やり活動しても、大したことはできないね」

「だったらここは休んだほうが、むしろシドのためになるんじゃない？」

いつまでもなかなか埋まらない翌年の予定表を見て、誰が言い出すでもなく、ほぼ暗黙の了解で僕らは充電期間に入ることになった。

そこに不安がなかったといえば嘘になる。十年以上も突っ走ってきたバンドが急にスピードを緩めたら、どこか不具合が生じるんじゃないか、と。でも、何をどう考えても、四人それぞれがしっかり充電することが、シドの次を形作るための最善策だと思えた。

その期間に何をするか、メンバー同士で話し合ったわけではない。先々のことが具体的に決まらない以上、何ひとつ決められないからだ。でも、四人それぞれ考えていることは同じだった。

――充電期間を経て、シドに何を持ち帰るか。

明希は、前年から続けていたソロ活動に完全にシフトした。アルバムを作り、ツアーをやって、海外のフェスにも出て、得るところも多かったと聞く。

Shinjiは一日一曲という目標を掲げて、曲作りに没頭した。自分で街なかのスタジオを予約して、友達と一緒にコピーバンドをやってみたり、鏡の前でひたすらパフォーマンスの研究をした。ギターを弾いて弾いて弾きまくったと、あとから聞いた。

ゆうやは友達とセッションして腕を磨きながら、人生を考えていたらしい。今までシドをベースに考えてきたことのすべてを、自分の時間割に置き換えた。そこでいろんなことに挑戦して、多少の将来設計ができたという。

そして僕もまた、個人としてどうスキルアップするかをひたすら考えていた。せっかくなら、シドではやれないことをやりたい。ソロ活動について具体的になったのはバンドが充電を決めたあとで、時期的には明希よりずいぶん遅かったけど、最初からビジョンはあった。必要なのは、結果を出すことと、スキルアップを同時に叶えること。思いつくことはただひとつ。

「キャンペーンに行こう。全国でインストアライブをしよう」

ただし、行き先はお洒落《しゃれ》なCDショップでも若者が集まるクラブでもなく、全国のイオンモールだ。

僕は〈マオ from SID〉の名を掲げ、身ひとつで歌いに行った。

言うなれば武者修行みたいなものだ。僕はヴォーカリストとして、自分の歌だけでどれだけの人の心を動かせるのか試してみたかった。ここにはバンドもいなければ、照明や音響効果もない。時おりマイクがハウリングして、耳をつんざくようにキーンと鳴ってもお構いなしだ。僕は自分の曲をカラオケで歌った。

恥ずかしくなるほどに近い距離に陣取っているのは、お年寄りだったり、小さな子供を連れた若い夫婦だったり。絶叫にも似たシドへの声援とは対極をいくような、穏やかな手拍子がいつも僕の歌に向けられた。

すぐそこで赤ちゃんが泣き出せば、

「泣いてていいよ、気にしないで」

僕は歌の途中でも声をかける。

買い物途中にふと足を止めてくれた人がいたら、その人をこちらに促すように視線を送る。

今までとはまったく違う環境の中で歌うことには、多少の不安も覚えていたけれど、蓋を開けてみたらすごく楽しかった。

また、僕自身、歌に対しての精神的なリハビリができたと思っている。この頃には発声障害がいたずらに僕を悩ませることはほぼなくなっていたけれど、ソロの曲はキーも低めに設定していたから、歌への意識を再確認しながら気持ちよく歌うことができた。

歌が終わると、唯一ついて回ってくれていた事務所のスタッフが、ＣＤ販売の声をかける。僕は買ってくれた人と握手をして、聴いてくれた一人ひとりの存在を実感した。今日の歌の良し悪しが、ＣＤの販売数という結果で目に見えるのは、遠いインディーズ時代のことを思い起こさせた。素直に、たくさん売りたいと思ったのは、まぁ僕の性《さが》みたいなものだろう。やるからには結果を出さないと意味がない。

そしてその結果を、事務所に突きつけてやろうと思っていた。

「俺、ひとりでこれだけやってるんだよ。この頑張りに事務所として応えてほしい」

そう言いたいがために頑張ったというのも、正直なところだ。

シドと事務所とのパイプ役は僕だった。

社長や他の誰かと話をするたびに、メンバーに連絡を取ってそれぞれの近況を聞きつつ、現状を報告。僕はこの頃、シドのマネジメント的な頭の使い方をしていたと思う。その役割を果たすのはけっこう骨が折れたけれど、バンドの未来に関して必要な話し合いがほとんどだったから、ずっと前向きな心持ちでいられた。

翌年のシングル発売や、日本武道館ライブが早い段階で決定したこともあって、充電期間に入って半年も過ぎた頃には、シドは水面下では再び活動のスピードを上げていた。

ただ、表向きにはバンドは一年も開店休業状態だ。復活したときに何倍もカッコよくなっていなければ、充電が意味をなさなくなるから、とにかく今だからできることを全部やろうと話し合った。

「メンバー同士も、思うところがあったらちゃんと言っておかない？」

僕の言葉に、誰も異を唱えなかった。バンドも生き物だ。長くやっていれば、多少の歪《ひず》みは出てくる。それを正して、膿《うみ》を出す必要があるならすべて出し切って、本当の意味でしっかりまっすぐ走れるか、僕らのフォームを見直したかった。

シドとしての復活ライブは十月の〈VISUAL JAPAN SUMMIT 2016〉。リハーサルスタジオで久々に四人が揃ったとき、なんだかみんな照れくさそうで、ニヤニヤしていたのを覚えている。

後に、ゆうやが雑誌のインタビューでこんなことを言っていた。

「あのイベントのステージで、後ろから三人を見てたら、この先まっすぐ行くんだろうなっていう未来が見えたというか。パワーが前に飛んでった感じがしたんだよね」

僕らはまっすぐなフォームで、また走り出した。

でも、翌年のスケジュールは情報解禁うんぬんという大人の事情でまだまだ発表できず、ファンはいよいよ待たされている感いっぱいで、けっこうどぎつい質問をぶつけてくる。

「もしかして解散しちゃうんですか？」

僕は心の中で大声で答えている。

（いや、シングル出るし！）

「マオさんも明希さんもソロ活動ばっかり！」

（いや、シドで武道館やるし！）

◉

シドが生まれたのは二〇〇三年、厳密に言うなら池袋のファーストキッチンの二階奥のテーブルでのことだった。

「いや、マックだ！　絶対にマックだ！」

明希は今もそう言うけれど、僕の記憶ではファーストキッチンなので、ここではそういうことにしておきたい。お金がなくて、ほとんどドリンク一杯だけで長居させてもらったファストフード店。後にライブのフライヤーを折って封筒に入れたり、バンドで作ったMDにラベルを貼ったりした、僕らの作業場でもあった場所だ。

その日、僕はバイトを終えて、いつものようにいちばん安いSサイズのドリンクを買ってから二階席に上がった。同じくバイト終わりの明希がすでに来ていて、コーラを飲んでいた。

「バンド名、どうする？」

「マオ君、全然考えてなかったの？」

「考えてなかった」

ちょうどShinjiを、サポートでいいからとライブに誘った頃だ。ゆうやにはまだ声をかけていなかった。僕が新しいバンドを始めることを聞き及んだ知人が、雑誌にライブの情報を載せてくれることになって、僕らはバンド名を急いで考えなければならなくなった。

「とりあえず候補になるような名前を出そう」

明希はそのピアスだらけのやんちゃな見た目に反して、根が真面目だ。

まだ名前もない、人生最後のバンドを組もうと思い立ったとき、真っ先に僕が声をかけたのがこの明希だった。ほんの数回、ライブハウスの対バンで会ったことがあるくらいで、友達未満の、ただの顔見知りだったベーシストだ。でも、僕の記憶の中に、明希は鮮烈な印象を残していた。

人を惹《ひ》きつけて離さない魅力を持った、あの明希が僕のバンドに加わってくれたら、きっとうまくいく。

猫みたいに気ままなくせに人懐こくて、すぐに誰とでも仲良くなる。その時々で親友が変わっていくようにも見えるから、時として軸が見えにくいと誤解されることもあるけれど、その自由度の高さが明希のいいところだ。だから凝り固まらない意見が飛び出すことが多々あって、僕はバンド名に関してもいいアイデアが出てくるんじゃないかと期待していた。

実際、明希は家でいろいろ考えてきたみたいだった。僕の頭の中にいくつかあった候補と照らし合わせながら、二人で二時間近くもああでもないこうでもないと意見を交わした。ドリンクはとっくに空だ。紙コップにサービスの水を汲んできては、僕らはちびちび飲みながら話を続けた。

「これ、カタカナにする？　アルファベットにする？」

明希が紙ナプキンにボールペンで書いたのは、〝シド〟と〝ＳＩＤ〟。

「〝シド〟でいいんじゃないかな」

僕はカタカナのシドが気に入った。

「うん、じゃあカタカナにしよう」

シドに決めるにあたって、もちろん僕ら二人はちゃんと名前の意味を考えたし、それを人に伝えられるように説明の体裁も整えた。

でもその後、事務所と契約してＣＤを作ったり、雑誌に載せてもらったりする中で、バンドの名前は〝シド〟にもなれば〝ＳＩＤ〟にもなり、はたまたいろんなデザインでロゴを作られ、いつの間にかどちらでもいいような気がしてきた。

関わる人の感性で名前のスタイルを変えていくバンドなんて、よく考えたらすごくカッコいい。だから僕らは、ある時期からシドという名の由来については一切話さなくなった。

何より、僕らは自分たちの音楽とその活動の中で培った精神性に、揺るぎない自信を持っている。それだけあれば、名前のデザインをどういじられようが、まったく気にならない。

シドは、僕が直感ですごいと思う奴を集めて作ったバンドだ。

それぞれが音楽人生の崖っぷちにいて、これ以上負けたら死ぬというところまで追い詰められていた。それがよかったんだと思う。

当時、ヴィジュアル系というジャンルの中でやっていくのは、サバンナで生きていくようなものだった。完全なる弱肉強食。僕らはまだ子供のヒョウぐらいのもので、逃げ足だけが速かった。普通にやり合ったら絶対食われるから、負けないためには頭を使って勝率を上げていくしかなかった。

人から見れば、しょうもないほど小賢しいガキだったかもしれない。でも四人でステージに立てば自然に人が集まってきて、対バンの客も面白いように取れた。崖っぷちに立ち続けたことの危機感は、バンドに機動力をもたらしてくれたようだ。

「〝シドを絶対に解散しません〟っていう誓約書を作って、メンバー全員でハンコ押そうかと思ってるんですけど」

そんなことをふと思いついて、社長に言ったことがある。事務所と契約した頃のことだ。

「何を言ってるんだ、お前は？」

社長が唖然としてそう言ったことは覚えているけれど、その後どんなやり取りをしたのか、今となってはまったく思い出せない。それをメンバーに伝えたかどうかも定かじゃない。その誓約書を作ることは結局なかったからだ。たぶん、当時は僕もまだ不安だったんだと思う。シドと心中する覚悟を、みんなにちゃんと確認しておきたくて思いついたことだった。でも、それはそもそも必要がなかったのだ。全員が一度夢に破れて、最後の砦《とりで》としてシドの一員になった。音楽に取り憑《つ》かれたような四人が、その最後のカードを簡単に捨てるわけがない。

　そして今は、二〇一九年――シドが誕生して十七年目。

　本当にいろいろあったし、時々死にそうなほどうんざりもしたけれど、それもまた人生だと思えるくらいには僕も大人になった。でも、環境が変わっても、人間の本質はさほど変わらないんじゃないかと思う。

　僕は今もなお結果を残したいと思っているし、今もまだ他のバンドの客を取りに行ってやろうと思っている。そして言うまでもないことだけど、相変わらずキャ〜！　という黄色い声援が欲しくてたまらない。

第四章

絆（明希）

大空へと　羽で描いた　螺旋のユメ
もう　誰にも　邪魔できない
憂鬱なら　派手に構えて　射貫けばいい
もう少しで　夜明けの星
僕らは　きっと　大丈夫

――「螺旋のユメ」

新生シド――。

そんな風に言うのは大げさかもしれない。でも事実、僕は生まれ変わったような気分でいる。

前作『OUTSIDER』から約三年半ぶりの発表となったシド通算九枚目のアルバム『NOMAD』（2017）は、できるべくしてできた僕らの自信作だ。

二〇一六年はシドとしての活動がほとんどなく、僕らは話し合った上で充電期間とすることにした。結成から十年以上ずっと精力的にライブを重ねてきたから、ファンを待たせることには多少の不安はあったけれど、一度くらい立ち止まってみるのも悪くないんじゃないかと、四人で決めたことだった。

どう充電するかは個々に委ねられた。それが必要と思えば旅行に出かけたっていいし、映画三昧の日々を送るのも悪くないし、友達と飲み歩いたって誰にも文句は言われない。シドが復活するとき、それぞれがバンドに何を持ち帰るのか、重要なのはそこだった。ある意味では、メンバーとしての真価も問われるような宿題を持たされた格好だ。

結果的には、みんな普通に東京にいて、何をしていてもシドのことを考えて、シドのための曲作りをしていた。

マオ君と僕はけっこう忙しくソロ活動をしていたけれど、バンドを離れて音楽をやる経験が、シドに何をもたらすのかを考えなかった日はない。

要は、僕らは結局、シドだった。

それぞれが自分自身の人生を歩んではいるが、究極的には、僕らにはシドしかなかった。

それは『NOMAD』制作にあたっての最初の選曲会で、テーブルに載せられたデモ曲の数を見れば一目瞭然だった。候補曲のデモは事前に配られ、選曲会までに各自聴いておくのが慣例だが、僕はShinjiとゆうやの曲を聴いて悶絶していたところだった。

(曲の出来が半端ねぇ！　これはまた接戦だな……いや、苦戦するかな)

嬉しさ半分、悔しさ半分。もちろん自分の曲も自信作だけを提出しているから、二人が僕と同じだけ悔しがっていたならおあいこだけど。

選曲会では、楽曲のクオリティの高さもさることながら、一曲一曲に対してその場でぶつけられるアイデアの豊富さに驚かされた。みんながこれからのシドに対するビジョンをしっかり持っていて、だから曲の〝その先〟が見えるのだ。バンドサウンドを俯瞰《ふかん》で捉えているから、メンバーは自分の担当楽器以外にも言及するし、マオ君からも次々にアレンジのアイデアが出された。

選曲会は必然的に長丁場になり、終わったときにはいつも以上にぐったり。でも、僕にはいつにない達成感があったし、みんなの顔つきも心なしか明るかった。選曲会が充実したからというのはもちろんだけど、僕らは単純にシドの作品制作が再開することが、とにかく嬉しかったんだと思う。

アイデアが止まらなかったのは、レコーディングに入ってからも同じだった。いつもなら、

「シドは絶対にこうだよね」

と言うところで、その〝絶対〟を排除して、今の自分たちのベストを求めていく作業が繰り返された。思いついたことは、結果はどうあれチャレンジしていく。そんな濃密なスタジオワークが続いた。

僕は、自分がソロ活動から学び、そこから何をどうシドに還元すべきか考えてきたことのすべてを、この現場に注ぎ込もうとしていた。そのときは、ただただ前向きにいいものを作ろうとしていただけだったけれど、ちょっとうるさく言いすぎたところもあったかもしれない。

今できる最良の音を作るために、まずは技術的なところも物理的なところも全部クリアにしておきたかった。

たとえば、チューナーひとつにしても、だ。チューナーは楽器の調弦のための、とても

基本的な機材で、同じメーカーのものでも型がひとつ違うだけで音が微妙にズレてしまうことがある。同じ人がチューニングしてもズレるのに、違う人が違うチューナーでチューニングしたらもっとズレが大きくなる。以前の僕ならちょっとくらいズレていても気にならなかったけれど、今さらながらプロとしてはそれじゃあダメだと思い至って、基本機材から徹底的にこだわって検証して、違和感のあるところには修正を施した。

自分の担当楽器であるベースにしても、今までは自分がカッコいいと思う音だけを求めて作ってきた。でもソロ活動で自分でも歌を歌ってみると、自分のベースはもちろん、ギターもドラムも細かい音のニュアンスが、自分の歌に、楽曲に、大きく影響を与えることを痛感した。

これまでマオ君は、我の強い僕ら三人の音と演奏で歌いにくいこともあったんじゃないかな、と、ふとそう思った。

もしそうなら、その状態はバンドとして百点じゃない。もっと繊細に音を扱えば、シドの表現の幅をより広げられるかもしれない。

それで僕はベースの音を修正しつつ、さらにベース以外の音にもあれこれ口を出した。

「ギターはこういう感じがいいんじゃない？」

「（ドラムの）キックはこういうのがいいと思うよ」

「あ、やっぱり最初の音に戻してくれる？」

終わらない実験のような作業は、文字通りいつまで経っても終わらず、最初からずっと付き合ってくれていたローディーも、気づけばすっかり疲れ果てた顔をしていた。

「もう明希さんの好きな音にしてください……」

しまいには、そう言い出す始末。

でも、どんなにうるさがられても、たとえ嫌われても、今まで以上にシビアに音作りをしていかないと、シドのこの先はないと僕は思っていた。若い奴らがすごい勢いでどんどん出てくる音楽シーンの中で、ずっと同じ場所にいたら置いていかれるのは目に見えているし、〝昔すごかったバンド〟みたいに言われてしまうのはとにかく絶対にイヤだった。

シドは、常に進行形で、最新型でありたい。そのためには、やっぱり必死にならざるをえないのだ。

ソロで活動してみて、外からシドを客観的に見られたことも大きかったと思う。特に、僕は歌ってみてはじめて、ヴォーカルの立場で聴くベースの音について考えるようになった。自分がやりやすいように、歌に寄り添った音作りを意識したら、今までとは少し響き方が変わった。

「今回すごく歌いやすいよ。前より全然いい」

マオ君にそう言われたのが、素直に嬉しかった。自分で培った感覚をシドに還元できたことで、僕の中でソロ活動の価値もまた上がった気がした。引き出しが増えたこと、それを有効に使えたこと。『NOMAD』の制作では、さまざまなことがちゃんと嚙み合って、しかるべき場所に着地できた。

いわゆる〝踏ん張りどころ〟で力を発揮できたという実感があることも、僕にとっては大きな意味がある。

はたして周囲がどう捉えていたかはわからないけれど、このときから遡ること九年、メジャーデビューのとき、僕は気負いすぎて空回りして、どうしようもない最悪の日々を過ごしていた。

あのときのイヤなイメージが、ずっと僕につきまとっていた。

頑張りたいのに何もできないもどかしさ。正直、自分自身にうんざりしていた。

二〇一七年のシドの再始動にあたって、真っ先に脳裏に浮かんだのはあの頃のことだった。新しい展開に向けて意気込むほどに、不安もまた大きくなっていた。

（また失敗したらどうしよう……）

結果的に、僕はソロで学んだことを『NOMAD』に反映できたし、これがシドの未来にリンクすると確信してもいる。だから、デビュー当時のことは、きれいさっぱりとはいかないまでも、ある程度は払拭できたと思う。

本当にあの頃はキツかったな。まぁ、今だから言えることだけど。

(メジャーデビューは絶対に俺の曲でいく!)

僕には自信があった。その時点で、これ以上はないというくらいの意欲作を五曲用意して、選曲会のテーブルに並べた。こういう場合は根拠のない自信というのが勢いがあってよさそうだけど、僕は一曲一曲に対するビジョンをちゃんと持っていたから、根拠も理由もあった上で、デビュー曲は自分が書いた曲で決まりだと思っていたのだ。

「うーん、明希の曲でデビューっていうのは、ないな」

社長のその言葉に耳を疑った。

「え、どうしてですか?」

「今回の欲しいイメージとちょっと違うんだよな」

(イメージって何だよ⁉)

あまりにショックで、頭に血が上ったのか、逆に血の気が引いたのかは定かではないけれど、僕はもう何も考えられなくなった。このときの選曲会のことは、だからほとんど覚えていない。メジャーデビューシングルになった「モノクロのキス」も、二枚目の「2℃目の彼女」もいい曲だし、嫌いなわけではもちろんない。ただ、僕は僕で、シドはこういう風にメジャーデビューしたいというビジョンをはっきり持っていたから、自分のイメージとは違う方向でどんどん進む速い流れに取り残された気がしていた。

とはいえ、僕だって立ち止まっているわけにはいかないことぐらいわかっていた。念願のメジャーデビューにこぎつけたのに、いじけて背を向けるなんてバカのやることだ。目の前でみんなで決めたことを、メンバーとして当たり前だけどちゃんと受け止めて、いいアイデアをぶつけていこうと思った。だからどんどん口を出したし、精一杯プレイした。

でも、何かがおかしかった。頑張れば頑張るほど、ズレていく感じ。

もっとこうしたいと頭の中で思い描いても、それを形にできなかった。

着地点が見えているのに、そこにたどり着けない焦燥感がずっとあって、自分がシドとうまくやれていないようにも思えた。

(なんでこんなに噛み合わないんだろう？)

その理由は、当時も本当は気づいていた。僕はやっぱり拗《す》ねて、いじけていたのだ。

(シドをイメージして書いてるのに選ばれないなんて、俺の曲はメジャーでは通用しないのかな)

でも、それをメンバーに話すこともしなかった。なぜって、これはあくまで自分との闘いだったからだ。

その頃は、曲を作って自分の音楽を示すことが、僕の存在意義だと思っていた。それ以前にベーシストであって、バンドの一員としての役割があるということはわかっていても、自分以外の誰かの曲が選ばれると、急に無力感に苛《さいな》まれることが多々あった。

まったく馬鹿げた話だけど、僕は曲を作った人に〝食わせてもらっている〟とひねくれて思うところがあったのだ。自分の曲が選ばれたときに、みんなを〝食わせてやっている〟なんてこれっぽっちも考えたことがないのに、立場が逆になった途端に、

(なんて不甲斐ないんだよ、俺は)

そんな風に思って、ひとり勝手に落ち込んだ。

でも、そんな中でもメジャーデビューしたシドは順調に認知度を上げていって、それなりに評価されるようにもなった。僕にとってはそれもまた重荷だった。持ち方を変えればもっと軽くなったかもしれないけれど、そうする術を見つけられないまま、僕はその重い荷物を、重いまま持ち上げようとするしかなかった。あとにも先にも、あれほど苦しんで葛藤していた時期はない。

僕がいまだに選曲会を憂鬱に感じるのは、その頃のトラウマが多少は影響しているからじゃないかと思う。

ゆうやもShinjiも、めちゃくちゃいい曲を書いてくる。

でも、自分の曲がいちばんカッコいい。そう思っていないと選曲会には並べるべきではないから、そう感じるのは悪いことじゃない。ただ、それを踏まえた上でのプレゼンが今

なお苦手だ。ゴリ押しするのも違うし、我を通したいわけでもない。曲のよさをアピールしたいだけなのに、なかなかうまくいかない。

「え、この曲ダメですか？　でももう一回聴いてみません？」

そんな風にへりくだってみたり、

「ドラマチックなアレンジにしたら、サビが生きると思うなぁ」

具体的なアイデアを出してみたり。

実際にそうやって意見を加えていくことで、いい結果に結びついた曲もあるから、諦めが悪いのも無駄ではない。

特にシドの場合は、マオ君が時に冷酷なほどに客観的な意見をぶつけてくるし、ゆうやとShinjiも僕同様に狙って曲を書いてきているので、選曲会からレコーディングに至るまでのあらゆる場面で化学反応が起こることが多いのだ。だから、選曲にしろアレンジにしろ、いつもギリギリのせめぎ合いが続く。

Shinjiの作曲能力の高さは、出会った頃からすでに認めざるをえないものだった。まだサポートメンバーだった時代にデモテープを持ってきたときは、

「サポートなのに曲も作ってくれるの!?」

と、面喰らったけれど、あとから聞けばマオ君に乞われてそうしたんだとか。

マオ君はShinjiの才能に最初から気づいていたのかもしれない。僕とは聴いてきた音楽

ジャンルが違うから、いつも驚きや刺激がShinjiの曲にはあって、それが面白かったし、もちろん悔しくもあった。

でも、やっぱりいちばん驚かされたのは、ゆうやだ。

（こいつ、けっこう言うなぁ）

正直、最初の頃は信じられなかった。ゆうやはサポート時代からアレンジにうるさいほど口を出して、しまいには僕の曲をまったく別物じゃないかというほど根こそぎ変えてしまったことがある。ビックリというか、もう唖然とするしかない感じだった。でも、そういう意味では、Shinjiとゆうやがサポートとはいえバンドに参加した時点で、僕ら四人はすでにシドだったんだなと思う。

その後、ゆうやも曲を書くようになった。みんなが口々に、

「そんなにアイデアがあるんだから、自分でも曲書けるんじゃない？」

と、当然の成り行きで働きかけたからだ。

でも、そう言われたところで、ハイそうですかと簡単にいかないのが作曲だと思うけれど、ゆうやはそれを難なくこなした。しかも、その作曲スタイルをつい最近はじめて聞いて驚愕した。

まず、楽器は使わないらしい。作曲期間になると机の上のパソコンの前に座って、ただじっと目を瞑《つぶ》って考えながらメロディをひねり出しているんだとか。そうしているといつ

しか音が降ってきて、メロディになって、そこにはすでに各楽器の音のイメージも乗っているんだという。

すごい。仙人のようだ。天才かもしれない。

「こいつら、普通じゃねぇな」

確か、こっそりマオ君にそう言った気がする。Shinjiとゆうやがシドに参加し始めたとき、僕が二人に抱いた第一印象はあながち間違ってはいなかったということだ。

僕がシドの曲を書き始めたのは、マオ君と出会った直後からだ。

池袋のファストフード店で待ち合わせては二人でいろんな話をした。歌謡曲テイストのメロディで他のバンドとは差別化して、やがてメジャーデビューを勝ち取りたいということ。このバンドが最後のチャンスだと思っていること。そして最後にこう言われた。

「曲、書いてみてくれない?」

僕は書ける気がした。今まで作ってきたものとは一線を画す曲を求められているとは思ったけれど、マオ君の期待を裏切りたくない気持ちが先行した。僕はすでに確信めいたものを感じていた。バンドについての理想を語り合っているうちに、感覚の噛み合い方が今まで出会った誰とも違うと思ったからだ。

「わかった、何曲か書いてみるよ」

いざ作り始めると、面白いように次々と曲が生まれた。「必要悪」「吉開学17歳(無職)」

「循環」、あとは音源になっていない「できそこない」を書いたのもこの頃だ。

とにかく書き続けることで、僕はシドのイメージを摑んでいった。

作曲のアイデアは、常に自分の中から探そうとしていた。そのためには、たくさんの音楽を聴くことが何より大事だった。お金がなくてCDを買えない時代はレンタルで、ある程度稼げるようになってからは必要なだけ大人買い。その時々の流行りの曲はもちろん、ジャケットがカッコいいとか、なんとなく気になるとか、目につくものは片っ端から聴いた。何はなくとも視野を広く保つために、アイデアの引き出しをたくさん持つために、いろんな音楽を聴こうとしていた。

僕はもともとは邦楽から始まったけれど、だんだん洋楽志向になっていったクチだ。ヘヴィロックばかり聴いていた時期もあれば、ボサノヴァやフレンチポップスに傾倒した時期もある。ジャンルの垣根を越えてとにかくたくさん吸収することで、自分でも意外なメロディがパッと浮かんだりするのだ。

デモテープを作るときは、ピアノで適当にコードをつけて、ギターを弾ける友達を連れてきて弾いてもらって、構成とだいたいのアレンジまで考えていた。

今は簡単な宅録ができるぐらいの機材が家にあって、友達を呼ばずに済んでいるし、そういえばCDショップにも行かなくなった。最近はサウンド先行で作って、あとからメロディを導き出すやり方にシフトしている。

作曲方法にはいくつかのパターンがあるけれど、僕のこだわりのひとつに〝サビをサビとして使わない〟というのがある。これがけっこうな確率でいい曲を生む。最初にサビができてしまうと、感動のピークがそこにあるから曲がそれ以上には膨らまない。だからあえてサビをAメロに据えて、さらに心揺さぶるメロディを探す旅に出る。

「これ、最後のサビのあとに、Aメロをもう一回出そうよ」

マオ君が何度かそう言ってきたことがあった。そんなとき、僕はテーブルの下で人知れずガッツポーズをする。

「明希の曲って、Aメロがめちゃくちゃいいこと多いんだよね」

さすがうちのヴォーカルだ。わかってる。

（そうだよ、だってそれは最初にサビとして生まれたメロディだからさ）

そう言いたいのをあえてぐっと堪えて、こう言う。

「そう？　ありがと」

僕は、どうも素直じゃない。

これだけメロディを重視しているから、僕はベーシストでありながら曲作りのときにベースについてほとんど考えない。

ベースの何がカッコいいのかと問われれば、それはアンサンブルの妙に尽きる。あくまでもヴォーカルやギターの後ろでギュンと鳴っているのが僕が思うクールなベース。もちろんアレンジとして、ここはベースソロっぽいほうがカッコいいなと思えば前に出る選択をすることもあるけれど、ベースリフが目立つような曲がシドにないのはほぼ必然だと言える。

多くのミュージシャンは他のアーティストの曲を聴くとき、自分の担当楽器の音をつい耳で追ってしまうとよく言っている。でも僕はベースの音よりもメロディが先に耳に入ってくるタイプだ。ベース、好きなんだけど。いまだにギターをまともに弾けないぐらい、ベースを鳴らすことに忙しいほどなんだけど。

◉

僕はバンドを始めた最初からベースを持っていた。理由はよくありがちなやつ。友達が先にギターを買ったのだ。ギターを買った中学生は、誰でもバンドをやりたくなる。

「ギターは俺が弾くでしょ。明希は何にする？」

「バンドって、何人でやるの？」

「うーん、五人かなぁ」

「そっか、俺もギターみたいなのがいいけどな」

「じゃあ、ベースは？　弦が四本しかないよ」

「四本だけ！　うん、ベースにする！」

ヴォーカルもドラムもキーボードも思いつかなかったから、僕はベースになった。今、プロとしてベースを弾いていることを考えたら、このときの選択はいわゆる運命みたいなものでもあったんだろう。ずっとピアノをやっていたのにキーボードを選ばなかったのは、今もって不思議ではあるけれど。

僕は子供の頃からピアノを習っていた。始めたきっかけは学校の音楽の授業だ。一小節ずつ鍵盤ハーモニカで「きらきら星」を弾かされたときに、僕だけ何もできなくて、思わず大泣きしてしまった。

「じゃあピアノ習いに行けば？　うちにピアノあるんだし」

母親にそう勧められるがまま、僕はピアノを習い始めた。ここで〝習わされた〟と言えばロックミュージシャンっぽく格好がつくのかもしれないけど、僕は喜んで通っていた。最初に出会ったのがとてもいい先生で、おかげで音楽を嫌いにならずに済んだし、上達していくことも楽しかった。

母親がいろいろと子供に習わせることが好きだったので、僕はあらゆる教室に通って、少しかじってはやめ、少しかじってはやめ、というのを繰り返していたけれど、ピアノだけは中学までずっと楽しく続けられた。そう、エレキベースに出会うまでは。

本格的なバンド活動は高校受験が終わってからにしろと両親に言われていたので、僕はそれに従った。志望校も、バンド活動がしやすそうなところを重点的に探した。

「お前の学力じゃあ、ちょっと無理かもしれないぞ」

担任教師が苦い顔をした僕の志望校は、学区内で唯一、軽音楽部のある高校だった。

「それに、通学に家から二時間もかかるんじゃ、三年間大変だろう」

「いや、でも僕はここに行きたいんで！」

僕は音楽をやりたかった。

思う存分ベースを弾くためには、この高校に受かる必要があった。

「今から勉強しますから！」

時は中学三年の九月。遅すぎるスタートだったが僕は人生でいちばん勉強に没頭し、何十冊もの参考書と向き合い、進学塾にも通い、吐きそうになりながら受験に備えた。

ラッキーだったのは、前年度まで内申書が物を言っていた高校受験制度が、試験の点数優先で合否を決められるようになったことだ。品行方正な生徒とはとても言えなかった僕にとっては、ありがたい制度変更だった。

結果、大方の予想を裏切って、僕は見事に合格。先生の言った通り、片道二時間の通学は大変だったけれど、電車の中で音楽を聴いたり漫画を読んだりする時間ができたと思えば苦ではなかったし、何より僕はベースを弾く青春をみずからの手で勝ち取ったのだ。

（これで好きなことができる！）

最初はのんびりバンドをやっていた。ベースは弾けば弾くほど魅力が増していく楽器で、技術を高めることに夢中だったし、僕が育った神奈川県の平塚というところはほどよく田舎で、競争意識を高めてくれるようなバンドも皆無だった。

そんな意識が変わったのは高校二年のとき。町田プレイハウスというライブハウスで、先輩が主催するイベントがあった。

「十五分ぐらい時間空いてるからさ、やってみない？」

「え、出演させてもらえるんですか⁉　やります！」

当然の二つ返事だ。

ただ、先輩といっても地元のアマチュアに過ぎず、オリジナルをやってはいたけれどファンがついているようなバンドじゃない。さらにそこへ垢抜けない高校生のバンドが出てきて、LUNA SEAのコピーをやったところで拍手喝采のいい反応がもらえるだなんて、さすがの僕も考えてはいなかった。

でも、ライブハウスのステージに立てるなんて、僕らみたいな学園祭バンドの域を出ない高校生には夢のような話だ。舞い上がりすぎて記憶がぶっ飛んでしまったけれど、鳥肌が引かないぐらい緊張したことだけは覚えている。

そして、そこで忘れられない出来事が起きた。

お客さんの中の二人が、僕らの演奏中にLUNA SEAの曲でお決まりの掛け声を放ってくれたのだ。しかもつま先でリズムを取って楽しそうにノッてくれていた。

その人たちはたぶんLUNA SEAが好きで、ほとんど条件反射みたいに楽しんでくれたんだろうけれど、僕はもう天にも昇る気持ち。自分の演奏で人が飛んだり跳ねたりするなんて、信じられないぐらい嬉しかった。

(これだ！　これしかない！)

明希、高校二年。人生はここで決まった。簡単に、パパッと決まってしまった。

(これが一生続いたら楽しいだろうなぁ)

人生はもちろんそんなに甘くないんだけれど、そのときは我が道を確信できた達成感みたいなものが沸き上がってきて、もう天下を取ったような気分になっていた。今思い返しても、誰だかわからないけれど、僕の人生を決めてくれたあの二人にはお礼を伝えたい。

そして、僕はここで進路を音楽に定めたので、他の選択肢を検討することをしなくなった。

大学受験もしないいし、むろん就職もしない、だから勉強しなくていいとも思った。すると、面白いように学校の成績はガタ落ち。毎日ベースを弾くことしかやっていないから当たり前だけど。

「お前、このままじゃどこも受験できないぞ」

「あ、俺、音楽やるんで大丈夫っす」

何が大丈夫なんだか根拠なんてまったくなかったけれど、教師の冷たい視線なんて物ともせず、僕は音楽活動に没頭した。ヤマハ音楽振興会が主催した、かの有名な音楽コンテスト〈TEEN'S MUSIC FESTIVAL〉に二年連続で参加するという身の程知らずぶりも発揮して、軽く挫折を味わいつつ青春を過ごした。気づけば、もう元の自分には戻れないくらいに音楽に夢中になっていた。

高校二年のときには、コンテスト二回戦に進んで地元の公民館のステージに立った。でも、同じ学校の同学年の奴の弾き語りに審査員と観客のハートを全部持っていかれて撃沈。

「これが現実なんだな。甘くないね」

バンドメンバーにはそう言ったけれど、その舌の根の乾かぬうちに僕の中には悔しさが沸き上がってきたのだった。

「よし、来年も応募するぞー！」

が、メンバーの表情がなぜか曇っている。

「どうしたの？」

そう聞いたら、ギターとヴォーカルが顔を見合わせつつこう言った。

「いや、来年はさすがに無理だよ。なぁ？」

「うん。俺ら、受験だもん」

まさかの脱退宣言だ。僕はすぐに引き止めにかかった。

「そんなんでやめちゃうわけ？　デビューとかしたくないの？」

「え？　LUNA SEA のコピーバンドでデビューできるとでも？　そんなの無理に決まってるじゃん」

ちょっと笑われた気がした。だからちょっと腹が立ったけど、正論だからぐうの音も出ない。

でも僕は諦め切れなくて、新しいバンドを組んだ。ただ、受験なんてしない、あるいは受験はするけどそんなもんくそくらえと思っている連中しか周りに残っていなかったので、僕が言うのもなんだけど、落ちこぼれ同盟みたいなバンドになってしまった。

まぁ、コピーするのがマリリン・マンソンだからちょうどいい退廃感が出て悪くはなかったけれど、ティーンのためのコンテストには似つかわしくないことこの上なかった。

当時、平塚ではミクスチャー文化がなぜか花開いていて、ヘヴィな音を鳴らしているバンドも多く、マンソンをやっていても特に目立つようなことはなかった。頭にタオルを巻き、上はタンクトップで下はジャージという工事現場のアルバイト帰りみたいな格好で、どっから出してるんだよ⁉　というデスヴォイスでシャウトしている兄ちゃんたちが周りにはいっぱいいた。我が地元は、どうにも混沌としていた。

そしてやはり、コンテストは予選を通過したのみで、大きなステージに立つことは叶わなかった。

でも僕は挫折するどころか、大いに燃えていた。もともとの負けず嫌いの性格に火がついたこともあるし、バンドが声援を受けてさらにカッコよく輝くのをコンテストで目の当たりにしたので、むしろ目指すところが定まったのだ。

まずは、音楽を続けるためにどうしたらいいかを考えた。

オリジナル曲を作らなければ始まらない。そして、カッコいいメンバーも集めないと話にならない。これだけでもけっこうハードルが高いなと思った。

（よし、人脈を作ろう）

僕は地元の楽器店に顔を出すようになり、そこで知り合った音楽仲間に連れられて、今度はライブハウスに出入りすることに成功した。知らない人の中に入っていくのは最初は照れくさいし、自分がまだヘタクソで何者でもないという自覚がさすがにあるので、遠慮もあって居心地の悪い思いもしたけれど、何度も通ううちに友達はだんだん増えていった。自分が素直になれば、向こうもだいたい心を開いてくれるものだ。

若いからこそその青くさいプライドは確かにあったけれど、周りが年上ばかりだったこともあって、僕は弟キャラに徹して一からいろんなことを学ばせてもらった。

そんな調子で高校を卒業したあと、アルバイトをしながら細々とバンド活動をやっていたら、知り合いから声がかかった。

「金曜だけ、うちのバンドでベース弾かない？　ノーギャラだけど」

「え、弾かせてもらえるんですか！」

僕は人前でベースが弾けるだけでありがたいと思った。厚木に夜はバー営業をしている小さなライブハウスがあって、そこで金曜の夜、いわゆるハコバンが演奏するのだ。一晩に二ステージ、コピーだけど八曲ずつ。メンバーには年配の人もいたし、女の人もいた。みんなプロじゃないけれど音楽が好きで、人前で演奏できる喜びを分かち合っているような人たちだった。

ギターは、僕を誘ってくれた九歳上の兄貴分。めちゃめちゃテクニシャンだった。僕はそのハコバンの練習でも本番でも、本当にたくさんのことを教えてもらった。音楽に関することだけじゃなく、人間関係の構築の仕方とか、好きな女ができたらああしろこうしろみたいなこととか、自分に兄貴がいたらきっとこんなことを教えてくれたのかなと思うことを、まぁ、とにかくいろいろ。

僕は金曜日が楽しみで、そのためにバイトも頑張ったし、ベースの練習も欠かさなかった。ただ、とにかく容赦なくダメ出しをされた。最初は、メンバーの中で僕がいちばん若いから、みんなに可愛がってもらえると思っていたけれど、周りの人たちの可愛がり方は思いのほか厳しかった。

「そんなんでプロになれると思うなよ」

「曲なんて二十曲書いて一曲使えたら上等だ」

何年もあとにこの当時のことを思い出して、改めて考えてみると、僕はそこらへんの音楽学校に通うよりよっぽど多くを学んだんじゃないかと思う。

だから二〇〇五年、事務所と契約して、社長にいちばん最初に言われた言葉が、

「ヘタクソだな、お前」

だったことにも、あまり怯まなかった。

（うっせーなぁ）

そう思いながらも、

「ま、そうっすよね」

ヘラヘラとそう言えるのが、僕が厚木時代に培った処世術だ。

もちろん、悔しくないわけじゃない。ライブの感動はいろんなところにあって、それは演奏技術だけじゃなく、その人なりの情熱の発露というか、表現そのものが人の心を動かすんだと若造なりに思っていたから、ヘタクソと一言で全否定されて気分がいいわけはなかった。

ただ、心中は気が気じゃなかった。

（社長にヘタクソなんて言われたら、俺、クビになっちゃうんじゃないの？）

せっかく摑んだチャンスを逃してしまうのではないかという危機感が、どうしてもつきまとった。技術的に至らないことをいちばん知っているのは、他の誰でもない、僕自身だ

ったからだ。

この頃、バンドはまさに上り調子だった。どんどん知名度を上げていき、ライブはどこも超満員で、作品も順調にリリースされていた。きっと世間一般には、順風満帆という言葉はシドのためにあるんじゃないかというぐらい、何もかもがうまくいっているように見えていたと思う。だからこそ、僕は焦った。

（うわ、俺、ほんとにヘタクソだ！）

スタッフがハンディカメラで撮ったライブ映像を観るたび、僕は自分のプレイに心底ガッカリさせられた。画面の中の自分がやたらと楽しそうなのが、逆に哀れに感じてしまったほどだ。これでこの先、ミュージシャンとして生きていけるとは到底思えない。プレイの質を向上させることは当然として、自分にしかないスタイルを確立していかないと、この先はないと思った。

だから遅ればせながら、僕はこのあたりからベースという楽器とちゃんと向き合い始めた。フロントマンであるヴォーカルだけでなく、楽器陣も意識を変えていかないとバンドの成長は望めない。シドを取り巻く状況がどんどんよくなっていたから、僕は表向きものすごく調子に乗っていたけれど、今までになく真面目に取り組み始めていたのだ。

そう、自分のことばかりにかまけていた。マオ君が精神的に落ち込んで、周囲もまたピリピリし始めていたことに、鈍い僕はしばらく気づかなかった。

今でも思い出すライブがある。

日本武道館での初ワンマンも、東京ドームも、シドの歴史の中ではエポックメイキングなステージだったとは思うけれど、個人的に今も心に残っているのは二〇一二年の〈M&W〉ツアーの札幌公演だ。

アンコールの最後のほうで「エール」をやった。激しくてエモーショナルなサウンドだけど、ポジティブな切なさというか、人生に迷うみんなの背中をポンと押すような感動的なメッセージを込めた曲。

ふと客席を見たら、前のほうのお客さんがみんな泣いていて、その刹那、目の前のファンとバンドのメンバーの心が繋がったのがわかった。それまでだって、僕らの演奏がお客さんに伝わっていることを実感しながらステージに立っていたことはたくさんある。だけどこのときは、想いが伝わる瞬間、その中に自分がいるように感じたのだ。

(この曲って、こんな景色も見せてくれるんだな)

そう思ったら、なんだか涙が出てきた。あのとき見た光景は、今もずっと脳裏に焼き付いている。

当時、僕は上半身裸でベースを弾くのがデフォルトだった。

「俺は衣装なんかいらねぇよ！」

毎日ジムに通っていた僕は、筋トレに次ぐ筋トレで、腹筋はシックスパックどころかエイトパックに割れ、体脂肪率は憧れの一桁、九パーセント。食べるものにも気を遣い、糖質をカットするために酒や甘いものはご法度《はっと》、脂質も控えて、ひたすら鶏のササミと胸肉、あとは野菜を食べ続けた。大好きな酒を飲まずにいられたのは、ずっと携帯の電源を切っていたおかげだ。飲みの誘いが来なければ禁酒できるということを、僕はこのとき知った。もうメンバーもスタッフも何も言わなかった。いや、この頃は僕が脱ごうが脱ぐまいが、酒を飲んで何か失敗しようが、もう誰にも怒られなかった。たぶん、みんな僕のことをすっかり諦めていたんだろう。

今だから言えることだけど、僕が筋トレにハマったのは、実はこのあたりに原因があった。

その頃、バンドの内部はギクシャクしていた。メンバーも、スタッフも、一様に感情が荒《すさ》んでとげとげしくなっていた。もちろん、それぞれに言い分はあったと思う。たとえばマオ君はすでにポリープの影響があって人知れず悩んでいた頃だし、翌年の結成十周年のスケジュールを前にスタッフも大わらわだった。

僕にしても思うところはあったけれど、今考えてみれば、ひとりで勝手に苛立って、投げやりになっていたというのが事実かもしれない。まるで遅すぎた思春期みたいだった。

出口のない焦燥の中でもがいて、ずっと苦しかった。ベースを弾くこと、いい曲を書くこと、バンドのために何をすべきか、僕に何ができるのか。考えれば考えるほど自分の未熟さを思い知らされ、迷路にはまっていった。

その苦しみから抜け出すために、僕は無我夢中で戦っていたのだ。自分自身と。そして、あろうことか、大事な仲間たちとも。

たぶん、人が見たら怖かったんじゃないかと思う。バッキバキの体をさらして殺気立っているベーシストなんて、僕だって目を合わせたくない。でもそのときの僕は愚直なまでに百パーセント本気で、すべてはシドの明希として、より高い空を飛ぶための必死の努力だった。ベースを練習し、常に曲作りのことを考え、そして体づくりの筋トレ……。

（メンバーの誰にも負けたくない。絶対に抜きん出てやる）

そのときの僕は、そんな想いがないとモチベーションを保つことができなかったんだろう。子供じみていることは自覚していた。でも、自分ではどうすることもできなかった。

誰にも経験があると思うけれど、同じ話をしても、スムーズにいくときといかないときがある。あの頃の僕らは確実に後者だった。

シドはもともと、いい音楽を作るための議論ならとことんやるべきだという姿勢で活動を続けてきた。選曲会がその筆頭だけど、スタジオ作業も例外ではなく、意見がまとまらずに殺伐とした雰囲気になることが少なくなかった。二つの意見の折り合いがつかなければ、いいときは両方やってみようという方向に行くし、そうじゃないときは、

「ほら、こっちのほうがいいでしょ！」

と、半ば強引に相手を納得させるようなことにもなる。もっと悪いときは険悪なムードになって、作業がそこでストップすることも。

当時はそんな悪い状態が、自分たちの意思に反してしばらく続いていた。じっくり話し合えば答えが出そうなことでも、互いに歩み寄ることができずに苛立って、不毛な言い争いを繰り返す場面も多々あった。

僕は一度、マオ君と胸ぐらを摑み合うケンカになったことがある。

いつのツアーだったか、鳥取公演の楽屋でのことだ。

その頃、ライブにおけるマオ君のイズムと僕のイズムには大きな隔たりがあって、必然的にステージ演出についての考え方がズレてしまい、そのギャップを埋めるべくよく話し合いをしていた。でも、時期が時期だったから素直に相手を認めることができず、話すほどに互いにストレスをためていた。

僕はロックはめちゃめちゃやってナンボと思っていた。僕がステージでまともにベースを弾くようになったのは、恥ずかしながら最近になってからだ。それまでは曲中にもかかわらずベースをぶん投げてみたり、客席に水をぶっかけてみたり、もうやりたい放題。ハ

ードコアなんかのライブをイメージして、泳がせてもらおうと客席に飛び込んだはいいものの、さすがにシドのお客さんは僕を支え切れず、それでトラブったこともあった。

そんな僕にマオ君がキレた。

「ふざけんな、何ひとりでイキがってんだよ。シドはそういうんじゃないだろう。いい加減にしろよ！」

「うるせーな！　俺のやり方はこうなんだよ！」

お互いに胸ぐらを摑み合ったタイミングでShinjiが止めに入ってくれて、まぁ、事なきを得たわけだけど。あのときのShinjiの呆れたような、でもどこか悲しそうな顔を、僕はたぶんずっと忘れないと思う。思い出すと、今も胸がチクリと痛む。

バンドの状態がいいとき、たとえば今現在なら、

「明希、ファンに怪我させたら元も子もないよ」

「ごめん、そうだよね。ちょっとヒートアップしちゃって」

みたいな会話であっさり終わるようなことだ。でも、ダメなときは本当にダメ。無駄に意地を張るばかりで、まったく素直になれなかった。

でも、僕はシドをやめることを考えたことはない。そして、僕が断言するのもおかしいけれど、他の三人だって絶対にそうだ。

バンドをやめるのは負けることだと思っていた。完全な負け。徹底的な負けだ。

たかだか四人のバンド内でうまくやれない奴が、ひとりになって全世界を相手にしようなんて身の程知らずもいいところだ。何もできるわけがない、それは僕自身がいちばんよくわかっていた。

うまくいかないことをバンドのせいにして、環境のせいにして、シド以前に複数のバンドを渡り歩いていた時期は、

「ここ以外の場所だったら絶対うまくいく。他のバンドでやってやる」

なんて、いつもそううそぶいて拗ねていた。

だけど、そんな風に思うのは、十九、二十の頃で終わらせた。

自分の居場所をコロコロ変えたところで結局うまくいかなかった。

そのとき、こんなことはもうやめようと自分に誓った。

そして、これを最後のバンドにしようと心に決めて、僕はマオ君とシドを始めたのだ。

その覚悟を、ちょっとバンドがうまく回らなくなったからって、ポイッと簡単に捨てることなんて、とてもじゃないけどできなかった。

僕らは四人とも、シドと心中する覚悟で活動を始めた。同じ景色を見て、同じ経験をする中で当然のように絆は深まったけど、互いにライバル心や闘争心はずっと持ち続けていたと思う。それは、個を確立するためだ。

「あの人はシドがないと生きていけないね」

そんな風に言われるのは本意じゃない。シドは、ひとりのミュージシャンとしてそれぞれがスキルを磨き、経験を積んで、やがて個として輝けるものの集合体でありたい。互いがリスペクトして、高め合うことができれば、バンドはおのずと成長できる。それは一緒にやり始めたときから、僕らの中に共通認識としてしっかり刻まれていることだ。だから、僕は今も、そしてこれからも、ずっと三人をライバルだと思っているし、四人で築き上げてきたシドを四人で守り続けることも、大事な使命だと思っている。

◉

二〇一六年にシドとしての活動がほとんどなかったのは、シドを守るためでもあった。やろうと思えばできないこともなかったんだろうけれど、無理に活動して歪みが生じるのは避けたかった。事務所内部がゴタゴタしていたのがそもそもの問題だったのに、バンドに何かあったら事務所にさらに負担がかかってしまうと思ったからだ。

僕はソロ活動に集中することにした。

前年からスタートさせていたソロワークは、僕がやりたいと言って始めたことだ。メンバーにも以前からその話をしていて、

「いいんじゃない」

「面白そうじゃん」

そうやってみんなに後押ししてもらったから、心置きなく始めることができた。シドの明希ではなく、AKiとして何ができるか、それがシドの新しいスパイスになり得るのか。

僕は自分の力を試したかった。

ソロの活動計画がなんとなく見えてきた段階で、すでに曲作りは始めていた。アイデアは山ほどあった。シドのアルバムのために十曲を作り上げる中では、Shinjiとゆうや、そして僕の三人で常に競い合っているから、形にできない曲もたくさんある。自分で作って、なおかつ自分の中で完全に消化できる曲は年に数曲あればいいほうだ。でも、時間と共に興味の対象は変わっていくし、その都度やりたいことも増えていく。シド以外にアウトプットの場ができたことで、僕はたまっていた音楽的興味のカケラをひとつずつ形にして自分のアルバムを作ってみようと思った。

はたしてそれは、ひと言で言うと、とんでもなく大変だった。

自分で決めたことではあるけれど、ベースを弾いて歌を歌うというのがまず大変。しかも、ソロワークにおいては僕が座長だから、現場のすべてを把握して作業を進めなければならない。つまり、演者であり、プロデューサーでもあるのだ。アルバムを作って、ライブをやって、ミュージックビデオを作って、もちろん取材も受ける。何から何まで自分でやったから、文字通り息をつく暇もない忙しさだった。

最初の関門はレコーディング。

「あの、シドの明希です。どうもお久しぶりです」

先輩ミュージシャンに、僕は直接電話をかけた。

「今度、ソロアルバム作るんですけど、よかったら参加してもらえませんか？」

ここぞとばかりに張り切って、いろんな人にコンタクトを取った。憧れの先輩たちに声をかけさせてもらったので、こちらとしてはほとんどダメ元のお願いだ。でも、多くの人が快諾してくれて、僕にとってはこの上なく幸せな現場となった。

が、本当の試練はここから。

ドラムもギターも、全部を自分が監修する。だから、言いにくいことも言わなければいけなかった。自分の作品に責任を持つというのは、つまりそういうことだ。でも、大御所のミュージシャンに、

「ちょっと今のテイクは勢いが足りなかったので、もう一度お願いします」

そう言わなければいけないときの僕の胃の痛みを、誰がわかってくれるだろうか。

レコーディングなんてどのプロセスもすっかり慣れているつもりだったけれど、ソロになると全然違った。これもまた勉強だ。

そして、僕をいちばん悩ませた上、最大級の努力を強いたものが歌だった。

歌はそれなりに歌えると思っていた。

なにしろ僕は、ずっとプロ中のプロであるマオ君のヴォーカルをすぐ隣で聴いてきた。曲がりなりにもミュージシャン稼業を十年以上もやってきたわけだし、自分の書いた曲だからちょっと練習すれば歌えるだろうとタカをくくっていた。

が、仮歌を録って自分で聴いてみるとビックリ。

「嘘だろ……俺、こんなにヘタクソだったっけ？」

思わずそう呟いたら、スタジオにいたスタッフが苦笑いした。

マオ君の名を出すなんておこがましいほど、僕の歌は技術的に拙《つたな》いものだった。でも、そんなときに落ち込んでいられないのがソロワークだ。プロデューサーとしての立場の僕が、ヴォーカリストの僕に頭の中で言う。レコーディングのスケジュールは決まっているんだぞ。さぁどうする、明希⁉

（練習しなきゃ！）

そう、大事なのは努力だ。結果はどうあれ、今頑張らないと後悔する。

そして僕は、本当に一日十二時間くらい歌った。ヴォーカルの先生のレッスンを受け、その足でスタジオに向かってリハーサルをし、あとは朝までひとりカラオケをした。ちょっと上達したかなと思っても、ベースを弾きながら歌うと音程もリズムも崩れてしまう。

正解がわかっているからこそ、おぼつかない自分が情けなく、もどかしかった。

なんと難しいチャレンジをしてしまったんだろうか。

そう自分を呪いつつ、だけどその一方で、少しずつ完成に近づいていくAKiの音楽に僕はワクワクしていた。

そもそも「この人、誰？」と思ってもらいたくて、僕はシドの看板を掲げずに名義をAKiにした。シドとは音楽的に違うことをやっているというのもあったし、シドのベーシストという肩書きを抜きにしたときに、自分自身がどう見えるかを知りたかった。

このソロワークの期間に、ライブは全部で五十本以上やった。全国ツアーを二本、対バンツアーもやって、海外のフェスにも出た。お客さんはシドのファンが大半だったとは思うけれど、中には予備知識がないまま僕のライブを観て気に入って、今はシドのライブに来てくれている人たちもいる。それなりに意味はあったと思っている。

ちょっと詰め込みすぎたかなと思うぐらい、スケジュールはハードだった。おかげで、少しはベース&ヴォーカルも板についたと思うし、ライブ自体のクオリティも上がったと自負している。でも、そんな中でもやっぱりシドのことを考えてしまうのは、もう僕の性としか言いようがない。ツアー中の楽屋で何気なくシドの曲を弾いていたり、ステージでふと思いついたアドリブを、

（これ、あの曲で使ったらカッコいいだろうな）

なんて考えて、シドのライブに思いを馳せたりもしていた。

事実、僕はソロツアー中にシドの曲をたくさん書いた。「チイサナツバサ」も「螺旋のユメ」も、このとき作った曲だ。

僕はソロ活動をしたことで、音楽的にうまくバランスが取れるようになったと感じている。たまっていた音楽的欲求をどんどん消化できたことで、いろんなことがクリアになり、これからのシドを考えるスペースが自分の中で広がった気がするのだ。アウトプットの場がひとつ増えただけで、僕はずいぶんとラクになった。


僕はもともとオンとオフの差が激しいタイプだ。それは十二分に自覚している。ステージに立った途端に必要以上にスイッチが強く入って、ロックスターよろしくぶっ飛んでも、ライブが終わると自動的にオフになる。よくインタビューなんかで、

「いいライブのあとは興奮して眠れなかったりしませんか？」

みたいなことを聞かれるけれど、正直、僕は終演後に興奮していたことはないし、眠れなかったこともない。しょうがない、だってステージを降りたら僕は普通すぎるほど普通の男だ。ちょっとタトゥーが入ってるだけの、そこらへんのお兄ちゃんでしかない。

だから誤解を恐れずに言うと、出待ちをしてくれているファンの人たちに愛想よくするのがとても苦手だ。僕はすでに普通の人に戻っているから、そこでファンに対応すればス

ター気取りでサービスをしているように思えて、恥ずかしくなってしまう。けっして冷たく対応しているつもりはないけれど、よく「私たちのこと避けていませんか？」みたいなメッセージをもらうので、どのみちあまりいい印象を与えられてはいないんだろう。でも僕は言いたい。

「君たちと俺はついさっきまで、ライブで特別な時間を共有していたでしょう？」

うちはメンバーが優しく対応することが多いから、余計に僕が冷たく見えるのかもしれない。

このあいだの休みの日、何にもしないで家にいた。たまたまスマホの歩数計アプリを起動したままだったことに気づいて、夜寝る前に開いてみた。僕は驚愕した。

「え、八歩？」

一日に八歩しか歩かない健康な男って、この世にいるんだろうか。これはもはや地味でも何でもない。僕の休日は、無だ……。

確かに僕はじっとしている。部屋が完全防音になっているので外の音は聞こえないし、宅配便は宅配ボックスに入れてくれるから、ドアチャイムが鳴っても徹底的に無視。部屋の中でほとんど動かず、半分寝ているかのような状態で過ごすことも少なくない。

比較的元気な休日でも、ＤＶＤを観て、ゲームをして、出前を取ってメシを食って、あとは寝るだけだ。歩くのはそれでも二十歩ぐらいだろうか。寝て起きてごはんを食べて、じゃれ合って走り回る、うちの猫たちのほうが、よっぽど活動的だと思う。

昔はもっとフットワークが軽かった。いろんなことが気になっては手を出して、車や自転車にハマったこともあるし、ゴルフも一時期はよく行っていた。今でもどれも好きだし、やったらやったで楽しいんだけど、これといって特別なものが何ひとつない。気づいたら僕は多趣味なくせに無趣味、みたいな人間になっていた。そういえば、張り切って揃えたクラブが入っているゴルフバッグは、今の家に引っ越した数年前に置いた場所から一ミリも動かしていない。

昔に比べたら、あまり飲みにも行かなくなった。先々の約束をするのがとにかくイヤなのだ。

「明日、暇だったら飲みに行かない？」

誘ってくれる友達はけっこういるけれど、そのときになってみないと行きたいか行きたくないかがわからないし、もし行きたくない場合に断りの連絡をするのはストレス以外の何ものでもない。明日のこともわからないんだから、それより先の約束をするなんて、僕にとっては恐怖でしかない。

何日も前から予約が必要なレストランなんかには絶対に行かない。美容院は友達がやっているところなので、僕だけ予約不要にしてもらっている。

「今から行っても大丈夫？」

「一時間後だったらすぐに切り始められるよ」

「じゃあ行く」

これで僕は安心して髪を切れる。でも、三時間後と言われていたら、そんな約束はできないのでまず行かない。約束ができない男って、いろんな意味で全然ダメな気がするけれど、これはもう性格だからしょうがない。

「今から飲みに行かない？」

「明日、直前に確認の電話入れるよ」

そんな風に〝今〟のタイミングが合う人としか、最近は遊ばなくなった。でも、僕は酒での失敗を武勇伝と豪語できるほどには突き抜けられなかった人間なので、今ぐらいおとなしくしていてちょうどいいんだと思う。飲んでも朝までバカ騒ぎするのはやめようとか、飲みすぎには注意しようとか、それなりに考えているのだ、一応は。


唯一、予約をして行くのは病院や整体ぐらいだ。これはもう、僕がシドでいるために必要なことだから仕方がない。僕にとっては、いわゆる必要悪と考えている。

そう、続けるために必要なことを、今のシドは重視している。

音楽は、僕が人生で唯一、一途《いちず》になれたものだ。負けず嫌いな性格を最大限に発揮できるのも音楽。それは今も昔も変わらない。音楽を取ったら僕には何にも残らないから、続けるために必要なら鍼《はり》でも整体でも進んで通う。

人によく言われることだけど、他のベーシストと比べて、僕のベースはストラップが長いらしい。いや、ベースの位置が低いと言うべきか。ベースを手にしたときから、僕のストラップは長かった。実家にあるいちばん大きな鏡の前でポージングして、ここだという位置を決めた。低いほどカッコいいと思えた。実際、インディーズ時代はもう右手が弦に届かないんじゃないかというぐらい下げに下げていた。

それに比べれば今はずいぶん位置が上がったけど、このスタイルが実は思いのほか体に負担がかかると知ったのは、ずいぶんあとになってからだった。

まず腰にきて、次に背中、そして中臀筋《ちゅうでんきん》から大腿筋に至るまで。無理なフォームでプレイしてきた代償は、痛みという形で現れた。もちろん、ベースの位置を腰の上まで上げれば問題はほぼ解決するだろうけど、そこを譲ってしまったら負けだ。自分が思うカッコいいスタイルを貫き通すために、いつしか僕はトレーニングを始めるようになった。

「バンドなんて走れるだけ走って、散ってしまえばそれでいいじゃん」

デビューしてからもしばらくは、僕はそんな考え方でいた。それがロックだと思っていたし、ミュージシャンが健康に気を遣うなんてカッコ悪いと思っていたからだ。

でも、僕らにとっても、きっとファンの人たちにとっても、シドが人生そのものになってくると、美しく散ることよりも長く共に歩む方向に考え方がシフトする。かといって、守りに入って面白くなくなるのも本末転倒だからこそ、僕らは真剣に悩むのだ。

僕の中には、今なお無茶することの美学もある。後先考えずに、めちゃくちゃやってメンバーやスタッフに怒られるのもいいかなと、そう思うことだってなくはない。でも、バンドを十五年以上もやってきて、大人になれていないのだとしたら、それこそ僕は救いようのないバカだ。そうならなくて、たぶんよかった。

二〇一八年のライブハウスツアー〈いちばん好きな場所 2018〉も、やってよかったと思っている。当初のコンセプト通り原点回帰という感覚を味わえたし、同時に僕らは大人になった自分たちとも対峙することができた。二〇一〇年に同タイトルでライブハウスツアーをやった当時は、すぐ先に東京ドーム公演が控えていたこともあって、大会場をものにしていくその手応えに僕らは気をよくしていたけれど、今となってはハコの大きさはあまり重要じゃないと思える。結局、路上だろうがライブハウスだろうがドームだろうが、シドがやるべきことは変わらない。

生まれた時間も場所も違う人たちが、僕らの音楽に共感して、同じ時間を共有して、やがてそれぞれの人生に何かを還元していく。その尊さに勝るものはなくて、だからバンドは一本一本のライブを大切にやり切るのだ。もちろん、自分の考え方や、ロックのアティテュードみたいなものはちゃんと表現していくけれど、曲を受け取ってくれるファンの人がいる、その環境があることの幸せをちゃんと心に刻んで、これからもやっていきたい。

十五年前の僕ならきっと、そんな風には考えられなかったはずだ。年を重ねるのは案外悪くないなと、今はそう思う。

◉

僕はある意味、シドに育てられたんだろう。メンバーはファミリーでもフレンドでもないけれど、かといって仕事仲間みたいなドライな関係でもないから、なんだろう、僕らはやっと本当の意味でバンドになれたのかなと、最近そんなことを考えている。

自分がシドの一員であることを最も強く感じるのは、やはりライブだ。とりわけ開演前にステージの袖で円陣を組むとき、ベーシストとしての責任とプライドを僕は確認する。

掛け声を発するのはマオ君だ。でも、その声は驚くほどに小さい。他のバンドはどうか知らないけれど、知らなくてもシドが世界一だと確信できそうなほどに、うちのヴォーカルの掛け声は小さい。

正直、何を言っているのか聞こえないこともある。

「今日は○△◉□▼◇なので頑張りま◎◆」

「おーっ！」

ゆうやのレスポンスだけがやたらとでかい。ゆうやだって、さっきマオ君が何を言ったか聞こえていないはずなのに。

こうして書いているとなんだか笑える光景だけど、僕らはそれに慣れているので、スタッフすらずっと真顔だ。

でも、メンバーと円陣を組むだけで次第に気持ちは高まってくる。

僕は自分の中でスイッチがゆっくり入っていくのを感じる。メンバーそれぞれにライブ前のルーティンがあるだろうけれど、マオ君はステージ袖で気持ちが高ぶりすぎたと思ったら、またひとり楽屋に戻って、リラックスした状態を取り戻すらしい。そんなときは、先にステージに出てしまったShinjiとゆうや、そして僕は、

（あれ、マオ君が来ないぞ⁉）

と、けっこう不安になっていることはお客さんには内緒だ。

ライブが始まって、強いライトに照らされると、ステージから客席の様子は見えにくくなる。会場が大きくなればそれはなおさらだ。

客席が照らされるいくつかの瞬間に、僕は十五、六歳の男の子を見つけることがある。探しているわけじゃないのにいつもなぜか目について、そしてその姿をはっきりと確認すると、僕はがぜん気合いが入る。

その少年の瞳に、まだ幼かった頃の自分の姿が見えるのだ。彼は、かつての僕だ。

「カッコいい！　俺もこうなりたい！　いつか大きなステージでバンドで音楽をやるん

だ」

いろんなバンドを見ては憧れて、音楽への思いを募らせた。

僕の音楽人生の起点はそこだ。やがてシドが始まって、もう十五年以上もの歳月が流れた。こんなにも長い間、自分がまばゆいライトと大歓声の中でベースを弾いていることを思うと、長い夢を見続けているような気もしてくる。

そんな僕を、中学生なのか高校生なのか、かつての僕みたいな少年が見ている。

彼を裏切るわけにはいかない。だから簡単に燃え尽きるわけにはいかない。

あの日の自分をガッカリさせないことが、ミュージシャンとしての僕の使命だと思うから——。

◉アウトロ

マオ　横浜アリーナ、楽しかったね。十五周年イヤーをたくさんのファンと一緒に締めくくれたことが、やっぱりいちばん嬉しかった。

明希　なんていうか、シドとしての十五年っていう時間をちゃんと実感できたなって、そんな風にも思えたな。

Shinji　リハーサルの段階でも、たとえば二曲目と三曲目の動きをどうしようかっていう具体的な話はほとんどしなかったからね。互いの動きがおのずとわかるようになっているし、決め打ちしすぎるのもカッコ悪いなって。自然に、十五年の積み重ねが表現できればいいかなと思ってた。

ゆうや　俺はいつも後ろからメンバーを見てるけど、三人とも堂々としてたし、頼もしかったよ。一曲目の頭のマオ君の第一声を聴いたときからいいライブになるなっていう確信もあった。まぁ、いろいろやってきたな俺ら……っていう感慨もあったけどね。十五周年の冠を掲げてライブハウスツアーをやって、海外ライブもやって、とにかくステージに立ち続けた成果をしっかり出せたと思う。

Shinji　あと、やっぱり二〇一一年のことも考えたよね。ちょうど三月に横浜アリーナ公演の予定だったけど、東日本大震災の影響で中止せざるをえなかったっていう。

明希　うん、今回ことさらそれを強調するつもりはなかったけど、あの日の欠片《かけら》は残しておきたかったんだよね。それで八年前の一曲目にやろうとしてた「NO LDK」を今回のオープニングにして。やるはずだったライブに、来るはずだった人たちの想いをちゃんと引き継ぎたかったというか。

ゆうや　ファンも同じように感じてたんだよね。今回の横浜アリーナは「あのとき行けなかったけど、やっと観られた」って言ってくれた人も多くて。

Shinji　あのときは本当に音楽って無力なのかなって思って落ち込んだけど、けっしてそうじゃないね。

明希　ただ、八年待ってくれていたファンがいたことだけでも、シドは幸せだなと思うよね。

マオ　あと今回は、スタッフもすごく感動してくれたみたいで。「今まででいちばんよかった」って言ってくれたりもしたんだよね。打ち上げで、少しお酒が入った状態だったっていうのもあるけど、そばにいるスタッフと同じ空間で同じ気持ちでいられたってことを確認できたのが、俺は本当に嬉しかった。個人的に言うと、最後の「その未来へ」でオーディエンスが歌ってくれるところあるでしょ？　そのあと〝あなたへ〟って俺が言うタイミングで演奏が復活してくるんだけど、その瞬間、マラソンのゴールテープが見えるようなイメージが浮かんだんだよね。あとここを歌い切ればゴールだ！　みたいなね。あれははじめての感覚だったな。

明希　十五周年イヤー、長かったしね。

マオ　そうそう。一年間ライブを重ねてきて、過酷な状況もあった中での横浜アリーナだったから、フルマラソンを走り切ったような感覚だったんだよね。これ、単発ライブだったら味わえなかったかも。

明希　達成感は確かにあったね。やり切った感があったから。終わったとき、気持ちよかったもんね。俺は「その未来へ」のアウトロではすでにイヤモニ外してたんだけど、みんなの歌声を聴けて幸せだったな。

マオ　ファンの子たちもみんな同じ顔してたよ。それぞれに日々フルマラソンを走るように仕事や勉強や家事を頑張ってるわけだから、同じ達成感を味わえたかもね。みんなで一緒にゴールできた感があるよ。

ゆうや　それだからもう、打ち上げで盛り上がるわけだよね。マオ君、誰よりテンション高かったもん。

Shinji　俺も途中まで楽しかったんだけどなぁ。

ゆうや　Shinjiは違う意味で濃い打ち上げを過ごしてた……。

Shinji　アンコールの一曲目「空の便箋、空への手紙」のラストのギターソロ、めちゃめちゃ気持ちを込めて弾けてさ、俺すごい気持ちよかったの。それこそやり切った感があって。そしたら打ち上げの席で社長につかまって「お前、音が全然ダメだったよ」とか言われて。打ち上げの後半、二時間ぐらい怒られたからね。

マオ　あそこ変な顔して飲んでんなぁと思いつつ、こっちは楽しくてしょうがないから、「おーい、シンジー！」って呼んだら、社長と二人して暗い顔でこっち見てきて。

Shinji　ものすごい上機嫌で「楽しんでるかー！」みたいなこと言うからさ。

マオ　その日はでもね、俺も社長に「三時からお前に言うことがある」って言われたんだけど、「あ、大丈夫です、俺もう三時にはいないんで」って。それは覚えてるな。

Shinji　社長が「マオもゆうやも、これから話そうっていうときにいなくなってる」って言ってたよ。

明希　スルースキルって大事だよね（笑）。

Shinji　でも僕の意見として、あとで文句言わないでくださいよって。音作りの段階でスタジオに来てくださいって言ったの。だから次のツアー、スタジオに社長呼んだからね。ま、社長なんで「来ていただけませんか」って言ったけどさ。

ゆうや　とはいえ、社長とはめちゃめちゃいい関係ではあるよね。音楽に対しての情熱が大きいから僕らも怒られるわけで。その社長の旬がShinjiなんだよ。

Shinji　だろうね。二時間かけて一通りの説教をした最後に、「近いうち二人で寿司行くぞ」って言われたから。「いや、いいっす」って返したけど。

ゆうや　それ、確実に延長戦だもんね（笑）。

マオ　まだ言い足りないんだね。俺を呼べばいいじゃん。

Shinji　どうなるの、それ？

マオ　楽しくなる！

ゆうや　それはそうだ。

マオ　寿司は楽しく食わなくちゃ。

ゆうや　寿司は確かに楽しいイメージだな。こないだアジアツアー終わったあとのお疲れ様会も寿司だったね。スタッフを労《ねぎら》ってあげようってマオ君が言い出して。

マオ　だってうちのマネージャー二人、すごい頑張ってて、めちゃくちゃ動きも速くて俺らすごい助かったんだよね。ただ、顔だけずっと死んでて。そういう奴、あんまり見たことないよね？　普通、動きが速い奴って顔が生き生きしてるもんだけど、死んでるからさ（笑）。これは寿司か肉だな、と。

ゆうや　忘年会も新年会もずっとやってきてはいるんだけど、ここ最近は特にマオ君が言い出すことが多いよね。で、マオ君が店を決める。

マオ　俺が美味しいなって思った店に連れていって、みんながうまいって言ってくれたら単純に嬉しいんだよ。それを感じたくて（笑）。

ゆうや　ほとんど親の気持ちだよね、いいよ食べな食べな、みたいな。でもマオ君はあんまり食べないという。

マオ　張り切りすぎちゃうからだよ。楽しみなあまり、朝メシちょっと食べたら、あとは何も食べなかったりするんだよ。

ゆうや　そういうとこ、小学生並みだよな（笑）。

明希　考えてみれば、俺たちは昔からよく一緒に飲んでたけど、十五周年イヤーは例年になく近くにいたよね。

ゆうや　うん、だからみんなでいろんな話ができた。普段はほら、制作以外のところで、たとえば先々の具体的な目標だとかはそう話すこともないいんだよね。それでもこの十五周年のツアーの中で、二十周年を迎えるときにはあの場所でライブがやれたらいいねっていう話が、ポロッと出たじゃない？　俺ら、先を見て進んでるんだなって実感できたんだよ。俺、あのときの話、すごい覚えてるな。周年期間中に溺《おぼ》れすぎないで、先を見据えてるのがシドらしいなとも思ったしね。

マオ　新しいアルバムに向けても打ち合わせを重ねているんだけど、見据えている方向性が割とみんな近いんだよね。いずれにしても、いい状態だなと思う。なにしろ未来の話が楽しいから。昔より未来の話をよくしてるよね？

ゆうや　だから、今のほうがシドは夢を見てるね。もちろん足元がしっかりした上でのことだけど。

明希　デビュー前から何度もライブを観てくれている友人が、この間の横浜アリーナのあとに「チームワークがすごい変わったように見えた」「信頼関係が音に出てるね」って言ってくれたんだよ。俺、すごい嬉しくて。だってバンドとして理想的でしょ？

Shinji　そういうバンドになりたかったし、実際になれたのかな。だとしたら本当、嬉しいよね。それはもう、ジャンルとか超えたところの話だから。まぁ、ヴィジュアル系って言われることは、最近はめっきり少なくなったけどね。

マオ　そもそもヴィジュアル系って視覚的な意味づけが大きくて、音楽的な縛りが最も少ないジャンルでしょ。シドはその自由を完全に謳歌《おうか》できたんじゃないかなって思うよ。この十五年、シドなんてヴィジュアル系じゃないよって言われたこともあるし、逆にヴィジュアル系を代表してるみたいに言われた時期もあったけど、それは僕らが自由だったからだよね。

ゆうや　その自由の中でバンドとして足元を固められたなら、確かに言うことないな。

明希　そうありたいなって願望も含めての話だけど、この自由なまま進んでいく自分たちの姿が俺には想像できるんだよね。バンドとしてのバランス感覚もすごく今いいと思うし、四人で生み出すグルーヴがさらに向上していく中で二十周年を迎えられたら、シドは本当に幸せだなと思う。

マオ　だから最近、シドはヴィジュアル系じゃないよねって言われたら、「いや、シドはヴィジュアル系です」って言ったほうがいいのかなって思ってるよ。そのぐらい、この自由さに俺は誇りを持ってるし、大事にしていきたいと思うんだよね。

［SIDプロフィール］

2003年結成。マオ（vo）、Shinji（g）、明希（b）、ゆうや（ds）からなる4人組ロックバンド。

08年、TVアニメ『黒執事』オープニングテーマ「モノクロのキス」でメジャーデビュー。

10年の東京ドーム公演では4万人を動員。

結成10周年となった13年には、初のベストアルバムをリリースし、オリコンウィークリー1位を獲得。同年、横浜スタジアムで10周年記念ライブを開催、夏には初の野外ツアーで4都市5公演で5万人を動員し大成功を収める。

18年、バンド結成15周年を迎え、8月にはキャリア初のミニアルバム「いちばん好きな場所」をリリース。9月からは全公演SOLD OUTの中、〈SID 15th Anniversary LIVE HOUSE TOUR「いちばん好きな場所 2018」〉を開催。

19年2月にアジアツアーを開催し、3月10日には15周年アニバーサリーイヤーのグランドファイナルとして横浜アリーナでの公演を成功させた。

ブックデザイン　米谷テツヤ
構成協力　斉藤ユカ
企画協力　有限会社マーヴェリック
株式会社ソニー・ミュージックレーベルズ

本書は書き下ろしです。原稿枚数298枚（400字詰め）。
JACRAC 出 1906579-902

涙の温度

2019年7月10日　第1刷発行
2019年7月20日　第2刷発行

著者　SID
発行者　見城 徹

発行所　株式会社 幻冬舎
〒151-0051 東京都渋谷区千駄ヶ谷4-9-7

電話：03（5411）6211（編集）
03（5411）6222（営業）
振替：00120-8-767643
印刷・製本所：株式会社 光邦

検印廃止

Printed in Japan
ISBN978-4-344-03488-4　C0095
幻冬舎ホームページアドレス　https://www.gentosha.co.jp/

この本に関するご意見・ご感想をメールでお寄せいただく場合は、
comment@gentosha.co.jpまで。